房地产营销三板斧作战兵法

策划 销售 渠道

胡丽丽 ◎ 著

中国纺织出版社有限公司

内容提要

策划、销售、渠道是传统的房地产营销三板斧，房地产营销人员如果仅仅具备其中单一能力将注定被时代淘汰，取而代之的是具备策划、渠道、销售能力的综合型营销人才。本书是专为房地产营销人打造的一本营销使用手册。以房地产营销为主线，以营销三板斧——策划、销售、渠道三条线为出发点，梳理出房地产项目从地块分析、定位、示范区开放、开盘、持销、尾盘到交付的全周期营销三个端口协同作战之道。内容主要以方法策略加实操案例的形式呈现，包含了近几年房地产企业在营销各阶段、各线条的工作方式和方法。困扰策划的推广之道，困扰销售的营销之道，困扰渠道的拓客之道都能从本书获得答案。

图书在版编目（CIP）数据

房地产营销三板斧作战兵法 / 胡丽丽著. --北京：中国纺织出版社有限公司，2024.4

ISBN 978-7-5229-1424-4

Ⅰ.①房… Ⅱ.①胡… Ⅲ.①房地产市场—市场营销学 Ⅳ.① F293.352

中国国家版本馆CIP数据核字（2024）第042853号

责任编辑：段子君　哈新迪　　责任校对：王花妮
责任印制：储志伟

中国纺织出版社有限公司出版发行
地址：北京市朝阳区百子湾东里 A407 号楼　邮政编码：100124
销售电话：010—67004422　传真：010—87155801
http://www.c-textilep.com
中国纺织出版社天猫旗舰店
官方微博 http://weibo.com/2119887771
三河市延风印装有限公司印刷　各地新华书店经销
2024 年 4 月第 1 版第 1 次印刷
开本：710×1000　1/16　印张：13
字数：140 千字　定价：58.00 元

凡购本书，如有缺页、倒页、脱页，由本社图书营销中心调换

有人说，房地产营销是地产各部门中最基础的部门，不需要什么技巧，只要会沟通交流就可以，房子卖得好的时候别的部门会说是市场好的原因，卖得不好则会怪营销人员营销能力不足。但在我看来不尽然，市场营销部作为项目的一线部门，营销能力直接影响销售进度及销售回款进度，有时或许确如他人所说体现不出营销人员的太多价值，但关键时刻却最能区分营销人员的能力。

本书写作着眼于当前市场大环境下，营销人员如何发力。从一个普通的商业住宅项目出发，详细梳理了项目前期、开盘期、持销期、尾盘期直至交楼各个阶段营销部门策划、渠道、销售三个角色的工作内容及工作方法，并且结合近年来品牌开发商在全国各城市案例进行解读。在本书中，不管是各类策划方案和报告文案的撰写、推广的方式方法、渠道拓客的手段，还是销售的抗性话术、销售技巧，都结合当下大的市场环境提供了相应方法。

新的市场环境，对营销人员也提出了新的要求，本书在之前房地产营销推广惯用的方式方法上进行了一些新的突围，针对当前楼市的一些主要抗性问题如客户信心不足等提出了相应的解决方法。另外，针对时下较流行的新媒体运营以及社群运营等新兴推广手段进行了详细介绍。

营销本身就是一个综合性比较强的岗位，相信许多从事过销售的人都会有所感悟。对于一名房地产营销人员来说，面对的客户来自各行各业，想要快速与客户构建信任桥梁，让其放心地把几百万元放在你手中，绝不仅仅只靠一张嘴，它对我们的各项能力都提出了要求，比如逻辑思维能力、理财能力、房地产专业知识能力，这就要求营销人员有更强的综合能力。而本书也是为提升房地产营销人员的综合能力而写的。透过本书，可以看到策划、渠道、销售人员不只担任单一的角色，三者是一体的，有共同的销售目标，带着全局思维、整盘思维进行工作。读完本书，策划人员可提升自身工作能力，带着销售思维来分析目标客户特征、喜好，以此找准目标客户地图，有针对性地进行广告投放以及渠道点位铺排，提高营销获客的精准度；销售人员了解策划和渠道的工作，可以更深入地了解输出给客户的话术的深层含义，在销售的过程中便有了更多的谈资；渠道人员可学习策划和销售知识，在拓客时便能为客户提供专业的解答，提高项目到访量。

当下是房地产营销人员大洗牌的阶段，真正留下来的营销人员一定是有全局思维的复合型营销人才，当下一个地产风口出现的时候，这批留下来的人定会如2014年那批人一样，成为地产界的领军人物。

胡丽丽
2024年1月

第一章 房地产项目前期调研

第一节 项目地块分析 / 2

第二节 项目市场分析 / 10

第三节 项目客群心理分析 / 16

第二章 房地产项目定位

第一节 什么是项目定位 / 22

第二节 如何进行项目定位 / 25

第三节 如何撰写项目定位语 / 29

第三章 房地产项目形象包装

第一节 案名设计 / 36

第二节 项目 VI 系统及延伸 / 38

第三节 售楼处包装 / 40

第四节 销售道具设计 / 41

第四章　房地产项目团队组建

第一节　团队架构及职责划分 / 46

第二节　销渠团队组建 / 48

第三节　项目销售团队培训及管理 / 51

第五章　房地产项目销拓话术

第一节　项目全流程接待话术 / 60

第二节　项目客户抗性 / 67

第三节　电CALL拓客话术 / 74

第六章　房地产项目开盘前推广

第一节　项目媒介推广渠道 / 78

第二节　项目活动推广 / 80

第三节　项目亮相推广 / 84

第七章　房地产项目开盘前准备

第一节　海量蓄客 / 90

第二节　筛选意向客户 / 93

第三节　项目客户分析及策略调整 / 96

第四节　项目价格测试及定价逻辑 / 99

第八章　房地产项目开盘策划

第一节　选房方式 / 104

第二节　开盘场地布置及重点筹备工作 / 106

第三节　开盘流程及人员安排 / 111

第四节　如何撰写复盘报告 / 115

第九章　房地产项目持销期营销策划

第一节　持销期策略布局 / 120

第二节　持销期热销氛围营造 / 126

第三节　项目加推策略 / 128

第四节　项目月报撰写 / 132

第十章　房地产项目尾盘期营销策划

第一节　尾盘项目的基本特征 / 138

第二节　尾盘清盘策略 / 141

第三节　尾盘期商业销售策略 / 145

第四节　项目交付活动策划 / 152

第十一章　市场低迷时房地产项目如何自救

第一节　市场低迷时项目推广手段优化 / 160

第二节　市场低迷时如何提升销售内功 / 162

附录

附录一：××地块可行性研究报告 / 168

附录二：××项目营销定位报告 / 177

第一章
房地产项目前期调研

第一节　项目地块分析

一、地块基本情况分析

地块的基本情况分析包括地块位置、规划面积、用地性质、建筑密度、容积率、使用年限、土地使用权出让金、开发状况、七通一平等。

地块的基本信息可以在当地的土地规划局官网上查询，并填写表1-1地块基本情况调查表格。

表1-1　地块基本情况调查表

项目	具体内容	项目	具体内容
地块名称	—	占地面积	—
地块编号	—	建筑密度	—
地块位置	—	容积率	—
地块性质	—	土地出让金	—
地块产权	—	规划建筑面积	—
绿地率	—	七通一平	给水、排水、通电、通信、通路、通暖气、通天然气或煤气、场地平整
开发状况	生地/熟地	地势	地势平整/地势有堆土

地块基本情况分析是对项目整体情况进行分析并对项目价值做初判，为项目定位做数据准备。地块的基本情况也构成项目面市后对外输出的基础信息数据点，比如整个楼盘的占地面积、规划建筑规模等，又如项目的容积率，这些都是后期销售口径的关键数据。

另外，这些数据对于项目的开发也有重要参考作用，比如容积率的大小决定了产品适宜性，土地成本对于后续定价有重要作用，项目的开发状况也对后期销售难易程度有影响。

二、地块周边环境分析

地块周边环境分析主要是对地块周边3千米半径内的建筑物、自然景观、绿化景观、历史人文景观、治安环境、污染状况、视野遮蔽物状况进行调研，具体如表1-2所示。

地块周边环境调查主要采取实地调查拍照、航拍的方式，由南往北进行航拍，确保地块四周都可以看见。在进行周边环境调查时，需借助百度地图或高德地图标明距离项目地块的直线距离及车距。

表1-2 地块周边环境调查表

类别	名称	概况	到地块距离
建筑物	写字楼/社区/行政楼/商超/学校等	—	—
自然景观	山河湖海江等	—	—
绿化景观	公园/绿化带/生态长廊等	—	—
历史人物景观	古迹/古典园林/宗教文化景观/民俗风情景观等	—	—
地块周边环境			
治安环境	周边治安情况及以往情况		
空气	空气灰尘及气味、空气状况		
噪声	噪声来源及噪声分类		
土地	垃圾污染、化工厂污染		
视野遮蔽状况	从地块八个方位考察遮蔽情况		

地块周边环境分析对项目的整体规划、形象档次定位有至关重要的作用。举个例子，很多楼盘周边有山河湖海等重要的景观资源，那么在项目规划期就会尽量让产品与景观相融合，以获得视觉美感，我们常见的广告词"依山而建""环水而居"，都是对产品与景观的融合。当然在设计户型

朝向时，设计师也会考虑如何实现户型最大化的观景价值。除此之外，好的周边景观对项目的档次提升、形象提升都有加分作用，在做项目定位时都应该予以考虑。

当然，好景观的反面是差环境，比如周边有垃圾场、化工厂、噪声污染、高压线等，对这些不利因素提前进行调研，一方面可以让项目在规划设计时尽量避免或者减小这些不利因素带来的影响，另一方面也是为了在产品面市后做到阳光公示，让客户在购买前知道项目的不利因素，从而减少退房或投诉风险。

三、地块周边交通条件分析

地块周边交通条件分析主要是分析项目居民工作和生活需要的交通条件便利程度，即通达度。一般在调研时，需要调查清楚周边最近的公交站有哪些，并且标明公交站线路及起始地以及公交站到地块的步行距离；在调查地铁时，需标注项目附近地铁站及起始地，同时需要调查地块到地铁站的步行距离，附近无地铁站或地铁站较远的，需备注地块到最近地铁站的公交路线。

除了对地块周边的交通现状进行调查外，还需要调查其远景规划，2~5年内的规划称为短期规划，5年以上称为远景规划。对交通的远景规划进行调查，有利于项目的升值潜力挖掘，助推后期销售。

此外，港口、火车站、汽车站、机场等交通客运站的落地带来了产业聚集，从而实现区域发展，对地块的增值也有十分重要的作用。

对地块周边的交通情况调查，既是对未来生活在这里的居民的出行便利程度进行调研，也是为项目的未来发展潜力进行预判，这些都是项目的加分项，是项目区域竞争力的重要组成部分。

四、地块周边配套分析

地块周边配套分析主要是分析项目居民工作和生活的配套设施便利

度，主要包括购物、文化教育、医疗卫生、行政机关、金融机构、文体娱乐、邮政、水电排污等方面。

对周边的配套调查主要通过实地走访及利用地图工具的方式。一般调查周边3千米生活半径内的市政、共建配套设施，在调查时，注意标注相应的档次、规模以及与地块的距离，并填写调查表如表1-3所示。

①购物（购物中心、商场、超市、农贸市场等）。

②文化教育（幼托、小学、中学、大学、图书馆及其质量等）。

③医疗卫生（各级医院、药店及其质量）。

④行政机关（市政府、区政府、税务局、社保局等）。

⑤金融（银行、保险、证券公司等）。

⑥邮政。

⑦水电、排污情况。

表1-3 项目周边配套情况调查表

类型	序号	配套名称	配套档次	到项目直线距离
商业生活	1	—	—	—
	2	—	—	—
	3	—	—	—
	4	—	—	—
文化休闲	1	—	—	—
	2	—	—	—
	3	—	—	—
医疗	1	—	—	—
	2	—	—	—
	3	—	—	—
教育	1	—	—	—
	2	—	—	—
	3	—	—	—

续表

类型	序号	配套名称	配套档次	到项目直线距离
金融	1	—	—	—
	2	—	—	—
	3	—	—	—

五、地块的关联属性分析

在进行地块分析时，除了分析上述地块基本数据及周边情况外，还应该分析与地块相关联的种种事物关系，主要包括地块与城市的空间关系、地块与市场的关系、地块与周边环境的关系三个方面。

（一）地块与城市的空间关系

首先，地块与城市的空间关系，即地块在城市中的位置：是位于城市中心区域、远郊区域还是城市边缘区域。一般情况下，离市中心区域越近位置越好，地块的价值越高。当然，决定地块价值的除了距市中心的距离外，周边的山河湖海等自然资源也是关键因素，如果该地块远离市中心，但是旁边有山河湖海资源，这块地便具备了稀缺自然资源的价值属性。比如在云南，大理和抚仙湖的房价都高于省会城市昆明，这便是资源稀缺带来的价值。除此之外，影响地块价值的还包括周边的配套，如周边有学校或其他公建，这些都直接影响居民的生活便利度。

其次，城市定位对地块的影响。在我国城市分为多个等级：一线城市、新一线城市、二线城市、三线城市等，不同等级的城市有不同的定位及市场环境。因此，地块所处的城市定位不同，价值也不同，同样处在市中心区域，一线城市和三线城市可能就有不同的价值，比如上海市中心的房子每平米单价高达几十万元，而普通三线城市的市中心可能才几千元。

城市规划对地块的影响。地块所在区域是商业区、商务区、居住区还是大学城产业区等特色区域。在确定地块开发定位时，必须考虑地块的开发方向是否与地块最大价值取向一致。比如在重庆西部，很多开发商会围绕成渝都市圈开发项目，此外还有很多特定区域，比如粤港澳大湾区、环渤海经济区等。

城市文化对地块的影响。俗话说，一方水土养一方人，一座城市一定是景观长期的发展积淀而成的，特定的自然、经济、政治环境以及发展过程决定了一个城市必然具有其特定的历史文化，致使每个城市在思想、行为、爱好、消费等方面都有各自的特点。在我国比较典型的文化城市如海丝古城——泉州，作为千年非遗城市有深厚的文化底蕴。很多开发商在开发项目时都会借助当地的非遗元素。

（二）地块与市场的关系

地块的最终价值体现在市场的需求上，地块开发的最终目的是将开发的产品销售出去，那么什么样的产品才能避免开发风险，成为市场所需呢？解决这个问题便需要分析清楚地块与市场的关系。

政府会对土地的使用设置一定的限制条件，比如规定了要建一定比例的商业用地。但是现实中，商业地产是比较难卖的，要消化这些商业用地，就必须清楚地根据市场需求将之设计成迎合市场所需的产品，比如若地块附近是商务区，工薪阶层比较多，那么就可以用一部分商业用地做公寓楼或者写字楼销售；如果附近有旅游区，那可以用一部分商业用地做酒店进行销售。

除了商业用地限制，一般住宅地块还限制了容积率，大部分开发商为了追求高利润，都会最大程度地追求高容积率，但现实是，容积率越高建出的房子品质越低。当前，很多地块都处于城郊，这些区域是否真的适合高容积率的房子呢？答案显而易见。

（三）地块与周边环境的关系

我们在房产广告中常常会听到两个词，一个叫"因地制宜"，另一个叫"归心"。简言之，在地块开发中，要根据周边的环境特征，打造出适宜的产品，让居住者感到身心的归属。

周边环境对地块的影响在前面讲过，一个是规划的影响，另一个是档次定位的影响。很多开发商在项目规划设计时，会尽可能让项目融入周边的环境中，因此，在设计项目的景观小品、立面风格时，会考量周边的环境或城市的环境特征，特别是高端项目。

六、项目地块SWOT分析

在地块调查结束后，需要对地块进行SWOT分析，分析地块的优势点、劣势点、机会点以及威胁点。从而对项目进行整体价值体系的挖掘，包括其发展价值、生态价值、交通价值、配套价值等各方面的价值，并对项目可能存在的机会点进行分析，为项目的定位提供基础依据。项目SWOT分析如表1-4所示。

表1-4 地块SWOT分析

优势分析（S）	劣势分析（W）
地块紧邻××景区，具有稀缺的景观环境优势，是鲜有的优质住宅 地块紧邻高新区，有较大的发展潜力 地块周边双轨交通，多主干道环伺，多维立体交通，通达度高 ……	地块南面邻主干道，噪声污染较大 地块附近有化工厂，污染比较严重 地块位于远郊，配套薄弱 ……
机会分析（O）	威胁分析（T）
地块所在区域被规划为高新区，未来市政府可能会搬迁过来 地块周边当前城市面貌一般，后期随着规划兑现有改善空间 ……	周边有大量开发商同时拿地，未来销售竞争较大 ……

通常情况下，一块地块是否好取决于多个方面。

首先，核心的因素是地块所处的位置，包括地块所处的城市量级、地块在城市所处的位置。通常情况下，城市量级越大地块越有价值，比如北上广深一线城市的地块价值远远高于其他城市，而同一城市中，地块的价值一般呈从市中心向外递减的趋势，离市中心越近地块价值越高。其次，一块好的地块还取决于周边的配套设施，每项配套都构成地块的加分项，配套设施越丰富其价值就越高。另外，好地块还在于其未来的升值潜力，政府的规划定位、远景规划、品牌开发商聚集等都可能让地块具有较大的升值潜力。除地块的附加值因素外，一块好的地块还取决于自身的硬件条件，好地块一定是好开发的，这能直接减少开发成本，假如一块地在半山坡上抑或沟壑纵横，会直接增加施工难度，从而增加开发成本。当然，在挖掘地块价值时，不能从单一方面考虑，应该进行综合对比分析。如果地块所处位置非核心区，那么就要考虑是否有配套、规划等加分项，比如山河湖海等景观优势，再比如政府是否规划了高新区、产业区、科学城等。

反之，核心位置、配套齐全的地块并非一定优于次中心或者郊区地块，很多城市在发展过程中，中心区域逐渐演变成老城区，因为处在核心位置，土地稀缺，想要再发展只能靠拆迁进行城市更新，但这些地方寸土寸金，拆迁费用高，从而导致拆迁难度较大，因此政府通常会略过这片区域直接投资新区。比较典型的区域如深圳的罗湖区、青岛的老四方。

项目的地块分析是所有房地产项目开发工作的第一步，对地块的深入调查关系到项目在区域内如何占位、开发什么样的产品适配市场需求、在市场上树立怎样的形象等问题，也就是为项目定位阶段的工作打基础。

第二节　项目市场分析

一、宏观环境分析

（一）政策分析

政策分析主要从全国政策和项目所在城市政策两方面进行分析，包括预售条件、资金监管、土拍政策、货贷政策、限价政策及限购政策等方面，政策分析调查表如表1-5所示。

表1-5　政策分析调查表

预售条件	工程形象达到××条件
资金监管	预售资金监管、工程资金监管、保证金等
土拍政策	"自由竞价+设有底价"的拍卖方式、没有最高限价、熔断、"竞自持"等方式
贷款政策	并购贷款、开发贷款申请的难易程度、客户按揭难易程度和银行放款周期等
限价政策	限价××、不限价
限购政策	单身限购、需要连续缴纳社保和个税×年、限购×套等

对政策进行分析时，注意要对政策近些年的变化趋势进行解析，从而研判当前政策对楼市的影响。比如在我国楼市发展过程中，政府曾多次通过政策宏观调控楼市。由此可见，政策对于楼市的发展有重要的风向标意义，在进行政策调查时，必须从其发展趋势来研判，并对未来可能会出现的新政策做预判。

（二）经济环境分析

经济分析包括当前国内经济总体形势、项目所在城市经济状况、近几年 GDP、主要产业等方面。

（1）国内经济总体形势，即国家的经济状况，是上行、下滑还是平稳运行。分析国内经济主要是分析国内生产总值（GDP）指数，GDP 较上季度、上年是增长还是下降，增速是多少，这些都是衡量一个国家经济发展水平的重要指标。除此之外，还需要对国家的工业运行情况、投资、消费、进出口情况进行分析，这些数据也是影响经济的主要因素。

（2）项目所在城市经济状况，即该城市在全国处于什么样的经济体，一般可以从该城市的等级来判定，是超一线城市、新一线还是二、三线城市，是省会城市还是普通地级市，城市的量级决定了其经济地位。

（3）近五年 GDP 主要是分析近几年经济的发展趋势，经济的发展趋势受很多因素影响，比如金融危机等原因可能导致经济疲软，而某些产业的崛起则可能促使经济加速运行。

（4）主要产业。主要分析项目所在城市一、二、三产业所占的比重，主要以发展哪种产业为主，比如重庆主要为重工业、云南主要发展旅游业，又如深圳主要发展高新技术产业。每个城市的产业定位对城市的发展有重要影响。同样，同一个城市，不同区域之间的产业发展也不同，比如一个城市会有高新技术区、航空产业区、保税区、电子科技、珠宝等不同的产业区。以深圳为例，罗湖水贝片区主要产业为珠宝产业、坂田则是发展电子科技产业，不同的产业对于项目的价值重构有重要的意义。因此，在进行调研时，需要弄清楚项目所在片区的主要产业是什么。

对经济环境进行分析，主要是分析经济对房地产市场的影响。

（三）人口分析

人口分析主要是分析城市的总人口、人口净流入/流出量、各区人口分布及城市人口安置情况。

除了文旅地产外，大部分住宅项目客群为本地客群，因此对人口的调查其实就是对市场的总体需求做预判；人口的流入和流出量的比值则是对城市的未来住房需求做预判，进而分析项目的潜在价值；对各区人口分布进行调研是对整体各区的人口实力做预判，分析本项目所在区的需求竞争力；城市人口安置方面主要是对城市的安置房、公租房、人才房等有安置需求的群体进行调研，一个城市如果有大量安置房，则在某种意义上减少了住房需求。

对城市人口进行分析，主要是透析未来城市的住房需求量。

二、市场环境分析

市场环境分析即竞争市场分析，包括分析项目所在的板块格局及占位、产品供求结构、存量情况、竞品等。

（一）板块格局及占位

主要指项目所处的板块在城市各板块中处于什么样的格局及占位。一般来讲，一个城市的购房板块分为核心板块、热门板块、潜力板块、冷门板块等，不同的板块对应的资源、客户来源、主力产品均有所不同。

在进行板块格局及占位分析时，需要针对项目所在板块做整体分析，包括板块的配套情况，如配套是否欠缺，是否需要依托其他板块；板块的交通便利通达性，如是否有地铁站、高铁站、机场等大型交通枢纽；板块的供应情况、成交情况、市场表现、竞争态势等；板块的客户来源，主要是针对刚需客户、刚改客户还是改善客户；板块的主力产品，是高层为主、高低配、品质住宅还是别墅。

整体板块的竞争格局对于个体项目的影响是比较大的。客户在决定购房时，首先想到的是选择在哪个板块购房，比如某个首置客户，一般会根据市场反映的态势选择几个板块，再根据城市的几个主力板块的市场活跃度将目标定位在某一个板块，再在该板块的项目中进行筛选，最终定房。当整体板块势头较好时，相应的该板块各个项目的到访量和成交量都会表现得不错。

（二）产品供求结构

分析产品供应结构，主要根据板块内在售项目的产品配比结构进行分析，需求结构则根据在售项目的产品销售情况分析得出，通过分析产品供求结构，可以了解到目前市场上的主流产品和市场空白点，对于本项目做产品定位有重要意义，在售项目供求结构分析如表1-6所示。

表1-6　在售项目供求结构分析表

项目	总建面	主力产品	价格	销售情况
A	—	—	—	—
B	—	—	—	—
C	—	—	—	—
D	—	—	—	—

（三）存量情况

存量情况包括在售项目存量情况、二手房市场存量情况以及未来两年板块内将会供应的土地存量情况三个存量市场情况。

在售项目存量情况主要是指目前市场上已开未售的剩余库存产品情况。

二手市场存量情况主要针对目前二手市场挂出的待售二手房产品情况，可以通过二手房中介公司获取信息。

未来土地供应情况，指的是未来两年内的土拍计划，一般这些土地都有明确的用地性质，比如商业用地、住宅，可以根据用地性质大概分析出未来该板块的潜力。

根据市场存量情况分析，可以预判本项目未来的竞争态势激烈与否，并且针对存量情况作出合理的户型定位建议。

（四）竞品分析

竞品分析主要是选取板块内可借鉴的竞品项目进行详细分析，包括竞品项目的基本数据指标、户型配比结构、推售情况、核心卖点、劣势、折扣情况、客户成交地图等信息。一般竞品分析需要通过多次项目市场调研尽量得到完善的信息，再将本项目与竞品项目逐一进行横向对比，找出本项目区别于竞品项目的核心劣势和核心优势，如表1-7所示。

竞品分析和价值横向对比，对于项目的差异化定位有重要意义。

表1-7 竞品项目情况分析表

占地	—
容积率	—
绿化率	—
规划户数	—
车位比	—
物业类型	—
主力户型	—
推售节奏	—
成交价格	—
折扣情况	—
核心卖点	—
本项目核心劣势	—
本项目核心优势	—

三、客户分析

客户分析主要包括项目当前客户特征、客户演变趋势、目标客群范围、目标客群客户画像。

（一）当前客户特征

当前客户特征主要通过选取区域内的典型住宅项目成交客户，通过分析客户的来源、家庭结构、年龄分布、行业分布、置业目的、关注价值等特征进行客户分析。

客户调研主要从以下几方面进行：

①选取同区域内的项目成交客户进行重点分析。

②对区域内各项目客群来源占比进行分析。

③对客户年龄占比进行分析。

④对客户职业属性占比进行分析（公司管理层、企业主、公司职员、自由职业人员、企事业单位员工、公务员、其他）。

⑤对客户关注因素占比进行分析（地段、配套设施、居住品质、发展潜力、开发商品牌、物业、交通、其他）。

（二）客户演变趋势

客户变化趋势即未来几年随着本区域房地产市场开发进程加快，从而带动区块产业升级、交通升级、发展升级、配套升级等，使本区域形成洼地效应，从而吸引全市甚至外省的客群。

（三）目标客群范围

目标客群范围需要通过上述对当前客群和未来客群演变趋势进行综合分析，从而预判本项目的核心客群、重要客群以及补充客群情况。

以深圳罗湖区某住宅项目为例，核心客群主要为本地区客户及龙岗区客户，两地区客户占比达到70%，客户主要是从事珠宝产业或者私企老板；

重要客群是福山区客户，占比达20%，客户主要是高新技术产业职员、中层管理者、企业白领；还有10%的补充客群来自龙华区及其他区域，客户出现全城化甚至全省化覆盖的现象。

（四）目标客群画像

目标客群画像即针对项目划分的目标客群进行多维度分析，包括购买力、购房需求特征、选址原则、居住标准、客群标签等，以及不同年龄段对买房的关注点是什么，包括对价格、配套设施、品质、升值空间、智能化水平、物业管理等的关注点强弱分析。

以25~35岁客群为例，他们一般是刚组建家庭，属于首置客群，会更关注价格及未来升值潜力，由于处于职场奋斗期，渴望有精神休憩空间，因此会关注小区的休闲娱乐配套设施。

第三节　项目客群心理分析

项目客群即项目消费群体，一个项目要想顺利销售出去，必须对消费者心理进行详细分析，才能找准真正的目标客群，并且在后续的广告投放中做到精准投放，以减少不必要的营销费用。比如有的项目明明做的是别墅产品，却总是将广告投向刚需客群，很显然，这样做只会增加推广成本且收效甚微。

分析客群心理，需要对促成客户成交的四个关键因素进行分析，包括购房动机、购房区域、购房时机以及购房预算。项目客群心理分析主要通过竞品客群调研、问卷调查、对开发商老业主进行采访、到同区域其他楼盘采访客户等方式。

一、购房动机分析

客户的购房动机包括刚需购房、改善购房、投资购房、教育购房、养老购房等多方面，不同的购房动机群体表现出的心理特征、需求各不相同，客户情况分析如表1-8所示。

表1-8 客户情况分析表

购房人	购房目的	购房次数	产品需求	年龄	家庭结构	工作性质	居住区域	工作区域	购房预算
1	刚需	—	—	—	—	—	—	—	—
2	改善	—	—	—	—	—	—	—	—
3	投资	—	—	—	—	—	—	—	—
4	教育	—	—	—	—	—	—	—	—
5	养老	—	—	—	—	—	—	—	—
6	度假	—	—	—	—	—	—	—	—
7	办公	—	—	—	—	—	—	—	—
8	工作	—	—	—	—	—	—	—	—

（一）刚需购房

这类购房群体一般是以结婚为目的的刚需购房，属于首次购房，购房者年龄较小，一般在20~30岁，在购房时心理表现比较谨慎，尤其比较注重价格，一般看房周期较长，会多方比较。需求面积一般为100平方米以下的两居或小三居产品。

（二）改善购房

这类购房群体主要是由于家里子女增加使得原本的刚需住宅无法满足居住需求而改善，属于二次置业，购房者年龄一般在30~45周岁。这类客群对产品面积需求较大，比较注重小区品质。产品需求一般为100平方米以上的大三居或四居产品。

（三）投资购房

投资客群买房主要为了短线投资，这类客群购房次数较多，对市场比较敏感，买房注重投资回报率，一般不会限制购房区域。产品需求主力面积段为易转手的小户型刚需住宅，当然，也不乏部分客户投资商铺或者公寓等产品。

（四）教育购房

这类客群买房主要是为了子女上学，比较注重周边的教育资源，对产品面积没有硬性要求。

（五）养老购房

这类客群一般为老人自购或孩子为老人购买养老使用，对环境和物业要求比较高，同时也会考虑产品的投资属性。产品需求一般为小户型住宅。

（六）度假购房

这类客群属于高净值客群，收入高，对生活品质要求高，注重生活享受，一般购房不限城市，偏向选择风景优美且气候宜人的区域，比如大理、三亚等地。产品需求一般为度假公寓或别墅。

（七）办公购房

这类客群一般为创业型客户，主要用于办公。产品需求为公寓或写字楼。

（八）工作购房

这类客群主要为了工作购房，对位置或者轨道交通条件有硬性要求。面积需求主要根据客户的购房预算而定。

二、购房区域分析

大部分客户对购房区域有硬性要求，比如城市原住民一般会选择在原居住地附近购房，有些客户为了工作方便需要在公司附近购房，改善型客户为了子女上学方便需要在学校附近购房。因此，一个项目最主要的购房群体源自于周边同区域的地缘性客户。

当然，也不乏有些客户会由于某些原因而外溢到其他区域购房，最常见的原因是房价问题，比如深圳很多在罗湖区工作的人因为房价问题不得不在价格相对便宜的宝安区购房；还有些投资客看中了其他区域的升值潜力而外溢到其他区域购房。

在分析客群购房区域的时候，需要将各区房价进行对比，思考每个区域的哪些客群有可能会外溢到项目所在区域购房，比如核心区的客群可能是郊区的洋房或者别墅客群，那么销售这类产品的项目可以在核心区投放广告进行引流。

三、购房时机分析

购房时机即购房的时间，大部分购房客群并没有固定的购房时间，有的客户可能当前想买房，但一年后才入手；也有的客户可能因为结婚或其他必要原因，需要尽快订房。因此，很大程度上客户的购房时间受到销售人员的影响，在确定了客户的购买动机和购房预算后，销售人员会告诉客户为什么一定要在这个时间买。

当一个客户具备了购买动机和购买能力之后，如何让他决定来买这个项目的关键在于为什么要现在买。一般在客户对项目产品满意的情况下，增加一些销售节点，比如优惠在今天截止，心仪的产品只剩一套，今天过后就涨价了，今天可以享受团购价等。因此，大部分项目在销售时都会设置一些销售节点，甚至是每日指定只有哪几套房源销售，以此来缩短客户购买周期。

四、购房预算分析

客户在购房时，一般都会有购房预算，最终购买价格一般在这个预算内或略超预算。预算包括总预算和首付预算，购房者拥有房屋数量不同，首付也不同，一般首套为三成首付，二套为七成首付。

首付预算主要以客户目前的积蓄为主，而总预算则决定了客户的月供金额，客户一般会根据自己的收入来决定自己能承受的月供压力。当然，因为收入的不确定性，大部分人会对自己的收入有比较好的预期，因此，很多购房客户的预算主要受首付承担能力影响。

分析购房预算，其实是对客户的购房区域做一个限定，一般客户的购房预算决定了客户可以在哪些区域购买房子。每个城市每个区域的房价都不同，一般越是核心区越贵。以重庆为例，北区房价较高，因此，很多预算有限的客户选择买巴南区或者大渡口区的房子。

第二章
房地产项目定位

第一节　什么是项目定位

一个项目要做什么样的产品，是高层、洋房还是别墅；在市场做一个什么样的占位，是区域标杆还是其他；项目主要针对哪些客群；树立怎样的项目形象，这些问题都离不开一个词——定位。

项目定位就是回答产品是什么、给谁用的基本内容。明确了项目的形象、产品、客群定位后，需要对整个项目进行一个总体的定位，即这是个什么样的项目，做了什么样的产品，卖给什么样的人。比如某项目的定位——北二环·轻豪宅·城市度假综合体，表明了项目的位置优势是在二环、产品以轻豪宅为主、综合体性质、度假性质，概括出了买它的人是用来度假的。

项目定位主要包括形象定位、产品定位、客户定位三个方面。

一、形象定位

项目形象是消费者看到广告宣传后，在心中留下的项目印象。项目形象定位是为了让项目产品获得更大的竞争优势而提出来的，并且形象一旦树立，就会在广告宣传中反复强调极力渲染。

项目的形象定位可以从所处城市、周边环境、产品特征、目标人群四个方面入手。

（一）所处城市

从城市方面看，主要突出项目所处的城市地段，是核心地段还是非核心但是未来有较好发展规划及发展潜力的地段。比如在青岛高新区,很多项目突出高新区位置,因为这个区域发展潜力比较大。甚至连高新区周边的楼盘打形象时都会加一句"高新北"或者"高新东",借此拔高项目区域价值调性。再比如某些核心区楼盘的形象常常与中心、核芯得词汇相关联,如塔尖配套,城芯专属,让客户看到广告语直接就可以了解到这个项目的位置很好、配套很全。

(二)周边环境

项目周边如果有山河湖海等自然资源,则可以运用起来树立项目形象,在推广语中不断重复。比如山居项目,广告语中可重复使用"回归城市的繁华与静谧",借此暗示项目离尘不离城的特点;再如某湖居项目的形象语"让城市重归山湖",可强化树立客户对项目的认知即项目挨着湖,静谧而美好。

(三)产品特征

项目如果产品特别占优势,则会选择在主打形象时突出产品特征,产品特征包括项目的户型优势、建筑外立面优势、建筑风格优势、工艺技术优势、产品打磨优势、产品设计优势等。比如,深圳某项目是知名设计师操刀设计的,设计师是世界知名建筑设计师,代表行业内的最高水准。项目的这个形象一树立,很多人想到项目就会感觉产品一定设计得很好。再比如,某项目户型的设计突破了市场常规产品,把89平方米只能做三居做到了可以做四居的标准,借此树立产品形象吸引市场关注。

(四)目标人群

人群主要是针对特殊的产品/需求或品质对话特定的人物而进行的形象树立,比如独栋别墅、顶奢大平层,这些产品匹配高净值人群,项目的目标客户群体定位在高收入人群。

对项目形象定位关系到项目在市场上的整体形象以及项目出街后到持销期直至尾盘期的所有宣传是否顺利，因此，在进行定位时一定要慎之又慎，搞清楚项目最适合以怎样的形象面市。

二、产品定位

产品定位所要展现的是本产品与竞争产品的不同之处。产品定位包括对产品的业态、项目整体风格、工艺水平、体量进行定位，比如：

（1）业态定位。

有花园洋房、成品三居、宽悦平层、瞰景高层、墅级洋房、湖畔联排、山景大平层等。

（2）项目整体风格。

风格如法式建筑风格、英式建筑风格、新中式风格、意大利风格、托斯卡纳风格、现代主义风格、新古典主义风格、北美风格等。

（3）项目的整体体量。

如综合体、大城等。

项目的产品是直接销售给消费者的，怎样做产品才能获取消费者的偏爱、占取市场份额，是产品定位工作的重点。

三、客户定位

客户定位是要确定产品在客户心目中与众不同的位置。客户定位需要明确本项目的客群，是刚需客群、改善客群、养老客群、高端客群还是其他客群，客户来自哪些地方，核心客群是哪些，补充客群是哪些。比如云南抚仙湖某文旅楼盘，客户定位为养老度假型人群，这类人群是功成名就后，期望退居山湖的城市精英层。

第二节　如何进行项目定位

定位是市场机会点和客户需求点的结合。在上一章我们介绍了项目调研，其实对项目进行深入全面准确的调研就是为了给定位工作作铺垫，在进行市场调研后，需要至少能够回答三个问题：本项目竞争处于什么态势？本项目在未来可供选择的市场取位是什么？本项目的相对优势和风险是什么？

对项目定位采取分四步走策略，第一步在市场研究下构建项目价值体系，第二步寻找项目最核心价值点进行定位推导，第三步项目定位初判与策略修正，第四步物业体系价值突破。

一、项目价值体系构建

做定位的第一步，需要对项目的价值进行系统梳理，构建项目的价值体系。价值体系包含区域价值、交通价值、产业价值、发展价值、配套价值、项目价值、生态价值等方面。

（1）区域价值：即项目所处的板块价值，比如政府对这个板块所在区域有重点规划或者是板块处在城市的核心之处等，以重庆西永为例，因为国家对成渝双城经济圈的战略，让西永的区域价值凸显。

（2）交通价值：项目周边交通发达，多条轨道交汇或者是未来3~5年内会建成轨道线路。不管是周边的公交、轨道还是高铁、机场、客运枢纽都是交通价值的一部分，需要纳入项目的价值体系。

（3）产业价值：产业价值即区域内引进了什么产业，比如光电子、高新技术产业等，这些产业对区域直接会增加多少个就业岗位，吸引多少高新人才进驻产生影响。

（4）发展价值：即项目所在区域会因为哪些因素得到发展，比如城市的旧改会使城市面貌更新、品牌开发商的聚集让片区建设加速等。

（5）配套价值：即周边的市政、医疗卫生、文娱、商业、学校等配套，这些配套让项目的生活更具便利性。

（6）产品价值：产品价值主要是产品本身的价值，比如体量、容积率、研发团队、设计团队等。

（7）生态价值：即项目周边有没有山河湖海等稀缺的自然资源。

对项目的这些价值进行精细化梳理后，形成项目的价值体系，进而进行项目定位。

二、确定项目核心价值和辅助价值

梳理项目的价值体系后，接下来分析项目最核心的价值——区域。一般情况下，在进行定位时，会选取项目的核心价值＋辅助价值为主要方向进行定位。

例如，某个项目位于非常偏僻的位置，周边没有学校、商业区、医疗场所，甚至连公交车都没有直达城区的。可以说项目除了产品价值外没有其他价值了，于是在进行定位的时候，开发商选取以开发商品牌为核心价值，考虑到项目最大抗性是所在区域，项目确定其辅助价值为区域发展，两者配合定位为"高新北，机场东的××开发商TOP系作品"。第一，该开发商品牌在该区域的客户接受度高。第二，客户对高新区非常认可，打高新北可以吸引更多人到这里，他们会思考全国十强开发商选择那里一定是有原因的。第三，经过对市场的考察，周边都是二房产品，并且没有品质住区，于是项目打造出小面积叠拼别墅和小高层两种产品，最后该项目一售即空。

通过这个案例可以发现，对项目的正确定位对于后面项目的销售起了非常重要的作用，所以在定位时一定要寻找好项目的最核心价值，并且其辅助价值一定要立足市场关注点。

三、项目定位初判与策略修正

以项目的核心价值和辅助价值为方向进行定位后，接下来需要进行定位初判及策略修正，即针对提出的定位，项目的价值是否能支撑起项目的定位，针对这个定位，我们做什么样的产品，我们的客群是否能接受这个产品，产品是否能在市场上形成差异性，并且符合客群购买力。

比如某项目的核心卖点是周边设施，定位为——国家级科技文化带、生态科教社区，从项目定位看就知道跟周边设施有关。项目周边是大学城，文化底蕴浓厚，周边的中小学又有十几所，可以支撑这个定位。通过对客户购房目进行的调研，发现周边的客群主要是为了孩子上学方便，因此周边都是低总价的小户型，这种产品升值有潜力，受到家中有子女的客户的关注。

通过对客户的访谈了解到，目前大多数潜在客户是希望置业户型可以一步到位。

因此项目综合各项因素，提出做品质改善社区，选取了市场常见的户型范围作产品选型，并对优劣势进行分析，通过分析发现区域刚需客群多，两居、小三居户型供应稀缺，最终作出以90平方米以下品质户型为主打产品的定位。

四、物业体系价值突破

项目定位构建好后，需要对其进行物业体系的价值重塑，即我们的项目有了一个整体的形象产品后，需要怎样的精神内涵去丰富这个项目的价值体系。物业发展体系主要包括户型设计、品质打造、园林规划、商业配套、物业管理、价值拔升六个方面。

（1）户型设计：包括空间的极致运用、户型的观景尺度、户型的面积赠送、户型的格局等优点。

（2）品质打造：包括建筑外立面风格、建筑材料、建筑手法、建筑团队等。

（3）园林规划：比如打造 LED 荧光跑道、五重园林体系、空中花园、景观小品、会所、泳池等，又或者园林结合了城市山水脉络设计等。

（4）商业配套：项目自建了风情商业街满足业主生活所需。

（5）物业管理：项目聘请品牌物管，为业主提供管家式服务等。

（6）价值拔升：包括精装修、智能系统、安防系统等。

通过对项目的价值体系构建、项目的定位初判与修正及物业体系价值的挖掘后，最终对项目形成一个明确清晰的定位，后续的工作开展也将会围绕这个定位展开。

第三节　如何撰写项目定位语

项目定位是项目在市场定位和产品定位的基础上，对特定的项目在个性化差异上的商业性决策，它是建立一个与目标市场匹配的项目形象的过程和结果，换言之，为某个特定项目确定一个适当的市场位置，使商品在消费者的心中占据特殊的位置，让客户看到这个定位的时候，就知道其产品是什么、核心价值是什么、品牌形象是什么样的。

项目的定位语主要由整体价值定位语和推广语组成，在撰写定位语时，首先需要梳理想象的核心价值体系，明确项目产品的核心卖点，找到项目的市场占位。找准市场占位后再撰写产品定位语，一般整体价值定位语比较侧重物理属性，即强调项目的区位、体量、核心价值、客群等项目实质性的属性。比如"27万平方米（体量）××开发商（开发者品牌价值）墅质（建筑风格）大境生活（居住性质）"。明确整体价值定位语后，再出推广语（slogan），slogan是面对目标客群说的话，更多展现的是一种生活想象，一种感觉。

一、确定项目的市场占位

确定项目的市场占位首先要对项目的产品特性、配套价值、对城市的意义等进行再梳理，并且预判项目的客群，再将本项目与市场上的竞品项目进行横向对比，以选取本项目可取的市场占位。

把项目的产品及配套价值体系、对城市的意义梳理清楚并预判出项目的客群后，需要对项目进行市场界定，即前文提到的竞品分析横向对比，分析本项目的突出点是什么，以此作为本项目定位的切入点。在定位切入时，需要对区域内的其他楼盘定位进行分析，主要看周边项目定位是什么样的，是否重复，比如周边都是海景项目，大部分项目都以海景作为定位，如果本案也以此为定位，那就很难形成独特的优势。

二、确定整体价值定位语

项目产品定位语即用一句浓缩的语言回答客户项目在哪、卖什么产品、有什么卖点、卖给谁等问题，即项目区域定位＋项目价值定位＋目标客群定位＋项目产品特性定位，形成项目的整体价值定位语。

（一）项目区域定位

根据项目的区域占位明确项目的最大区位优势，常见的区位优势包括城市的核心区域、湾区、靠近山河湖海江自然资源、地铁口、城市中轴线等优势，找到最契合本项目的区位优势后再提炼关键词进行文案润色。

区域优势常见文案：中轴、一线、门面、中央、标地等。

（二）项目价值定位

根据梳理的核心价值体系，明确项目的核心卖点，比如体量、交通、配套、建筑风格、户型、物业、建筑风格等卖点，再进行文案润色，如下。

（1）强调建筑工艺文案：匠呈、臻装、精工、匠心、高定、集锦之作、精工、新作、品质、臻品、精筑。

（2）强调配套文案：公园时光、一座城、繁华芯、绿轴、园系、山水、湖山、学府、环湖、书香、地铁口。

（3）强调环境文案：生态、健康活力。

（4）强调体量文案：××万平方米、××亩。

（5）强调建筑风格文案：美学、国风、皇家。

（6）强调稀缺/唯一文案：仅有、极少、稀贵。

（7）强调时序文案：春秋、四季、人生、时光、时间。

（8）强调物业文案：服务式、酒店式、五星级。

（三）目标客群定位

结合市场调研情况和本案情况预判项目客群，常见客群包括城市中产阶级、商务人士、青年、高净值人群、中老年群体、创业者等。需要注意的是，针对目标群体，要分析与之对应的需求及特征，结合目标群体需求及特征进行文案润色。比如买别墅的人一般是城市高净值人群，比较在乎圈层优越感，因此在文案润色中常常会用到老板、董事一类的文字来表达。

强调人群文案：少数人、多数人、董事、风流人物、成才成士、极少数、王者、下一代。

（四）项目产品特性定位

项目的产品一般有高层、洋房、别墅，对产品定位也就是告诉客户产品是什么，可以具体到产品物业类型，也可以讲居住属性。

（1）高层/平层文案：园景高层、瞰景高层、墅级高层、品质高层、山景小高层、半山高层、阳光高层、宽悦平层、宽幕平层、光幕高层。

（2）公寓文案：国际公寓、跃式小户型、创新小户。

（3）洋房文案：花园洋房、宽境洋房、轻奢洋房、独立花园洋房、院景洋房、主城洋房、低密洋房。

（4）别墅文案：墅级洋房湖畔联排、独栋别墅、独栋庭院、湖山城市别墅、英伦田园独院、联排别墅、定制别墅、中式别墅、纯品别墅、精粹豪宅、地中海风格别墅、纯独栋、私家庄园。

（5）其他文案：成品、全成品、奢宅、瞰景美宅、水景住宅、山宅、墙门大宅、人文大宅、水岸阔景华宅、尊邸、水岸美宅、高尚住宅、府邸、宽幕奢居、湖畔小镇、新著、时代人居。

对项目的区域价值、配套价值、目标客群及产品特性分别进行定位语撰写后，将四者合一便形成了项目的整体价值定位语。

三、撰写项目slogan

slogan也就是项目的推广语，如果说定位语是告诉客户项目是什么，那么slogan则是告诉客户选择本案的理由是什么，即消费者的痛点。slogan更倾向于强调主观感受，营造画面感，在撰写时会更加注重挖掘目标群体的需求。

slogan撰写需要灵活掌握各种风格的文案。常见的slogan写法有以下几种：

（一）生活场景化

通过展现一种让人向往的生活氛围场景，让客户产生情感共鸣，一般适用于景观度假房。

例1: 每一间，山海边（场景）的舒适（主观感受）居住。

例2: 阳光（环境）·水景（环境）·艺术（视觉感受）·家（居住）。

例3: 归田且作少年游。

（二）情感共鸣化

以客户的某种情感切入，在理想价值上作升华。找到特定场景下的普遍痛点，聚焦某种精神诉求或主张。

例1: 一生（时序）一墅，此心归处（精神诉求），长滩原麓。

例2: 别赶生活（痛点），去感受（主张）生活。

例3: 别让这座城市留住了你的青春（痛点），却留不住你（痛点）。

（三）历史、时间背书

通过借用历史情怀、人物传说、时序等，输出项目的调性。一般适用于比较中式或者高端的项目，不需要输出具体的价值，只需要引起客户共鸣。

例1: 百年（时间沉淀）桂香处，半部富春史（历史）。

例2: 几多静谧的花草幽巷，能道出岁月（时间沉淀）的婉转悠长。

（四）诉求／价值观

强调某种价值观和观点，客户认可了这个观点，也就认可了这个品牌。

例1: 这辈子，总要住一住某楼盘。

例2: 拥抱，城市向上的力量。

（五）体现差异／卖点

体现项目跟竞品的差异，或者突出自身最大的优势特征。

例1: 山（配套）上的别墅 方便亲切会谈（需求）。

例2: 世界湾区（区域价值）人居范本。

（六）强化胸怀、格局

通过宏大的词汇输出项目得天独厚的优势与气势。

例1: 武林至此，山河为界。

例2: 世界不过1千米。

例3: 回归吴中的世界主场。

项目定位语及slogan确认后，需要对其市场进行界定，检测该定位语及slogan是否与区域市场有重复，与本项目销售的主线产品是否契合，文案是否通俗易懂，文案有没有创造力，能否诠释出项目的特质等。

第三章
房地产项目形象包装

第一节　案名设计

案名即项目的名字，项目的案名是客户对项目的第一认知，因此案名是项目竞争的开始，一个好的案名可以直接带来经济效益。

一、好案名具备的条件

好的案名，就像一个人的名字一样，让人一听就对其心生好感。一个好的案名需要具备以下五个要素。

（1）易于传播。案名听起来悦耳上口、没有生僻字、不拗口，易于传播。

（2）有视觉联想。看到这个案名脑海中就能浮现出一幅画面。比如青特花溪地，"花溪"二字很容易让人联想到一片花海，心中产生一种住进去的憧憬。

（3）突出核心价值。案名虽然精简，但是一个好的案名却可以直接突出项目的核心价值点。比如有些项目附近学校比较多或者有好的学校，会取名"学樘府、书香学府、翰林院、状元府"等；有的项目附近有大海、山等生态资源，则会在案名里用到山海、半山、山语等字眼以突出其景观资源价值。

（4）案名的调性能匹配客群。并不是所有的项目都要用听起来很高端的词汇来包装，案名的调性来自目标客群特性。比如项目的客群是高端客群，为了凸显他们的尊贵感，会在案名上拔高调性，常用一些代表身份的字眼如"璞""珺""璟"等；有些养老度假项目，那么案名则偏文雅风一些，比如"阅山海""半山四季""山语"等；有些面对的是年轻客群，案名则会偏向积极向上有活力的生活态度，比如"阳光里""光年""北宸之光"等；还有些乡镇项目，则可能会用一些比较通俗易懂的泛口语化案名，比如"春阳花园""南方花园"等。

（5）能够嫁接当地文化。好的案名需要符合当地的人文特征、文化内涵，这样更能打入客户内部快速获得市场认可。比如重庆人的口语"0"读作"栋"，某项目为突出项目唯此一栋的特性，用"910（就一栋）"作案名，当地人在提到这个项目的时候"就一栋"口口相传，很快在市场上传播开来。

二、如何写案名

案名是在对项目进行核心价值提炼后进行的动作。在写案名前，首先，需要思考项目最打动客户的点在哪里，即客户买我们项目最大的原因是什么，是地段、产品、资源还是其他原因。其次，找准项目的最大受众客群，弄清楚这些客群的生活态度、喜好，客群决定了案名的调性。再次，根据项目的价值、体量、调性给项目定个派系，派系也就是我们常见的××府、××城、××公馆、××邸。最后，形成案名，公式：案名=品牌+价值点+派系。比如某品牌学橙府项目，此项目最大的卖点是处在大学城，周边学校云集，因此价值点浓缩为"学橙"二字；而"府"字彰显身份尊贵的特征，故以此为派系。

需要注意的是，案名除去品牌外，2~5个字为佳，字数多了就会形成记忆障碍，不易于传播。

第二节　项目VI系统及延伸

项目VI（visual ldentity）系统，即项目的视觉设计系统。为了塑造项目的企业形象、提高项目知名度和辨识度，项目会在正式面市（出街）前进行VI系统的设计和延伸。

一、如何进行VI系统设计

（1）调研资料：即项目前期进行的调研资料以及项目的定位报告，让广告公司能够清楚地了解项目的基本情况、价值点、项目的客群等信息。

（2）设计灵感：设计师在进行VI设计时，灵感一般来自三个方面。第一，项目的显性特征，比如项目的地理位置、项目背后的历史文化等元素、建筑的外立面、项目的构成元素等；第二，项目的隐性调性，比如项目想要传达的核心概念，项目想要树立的形象，第三，VI的延展，VI视觉确定后，需要延展项目包装、销售的名片、美陈等。

（3）确定项目VI设计：在进行VI核定的时候，首先需要看这个VI是否能够体现项目的形象气质，比如一个独栋别墅项目想要表达的是尊贵的形象，那么设计师以红色或者彩色为主色调，用比较活泼的设计手法设计，很显然不符合项目的调性；其次看是否能够达到情感传递，现如今，很多品牌都会在营销时打情感牌，因为现在的人在消费的时候会更注重感官和心理情绪层面的愉悦，所以一个好的视觉设计是能够让人看到时觉得赏心悦目，内心产生情绪波动；再次，看其整体视觉是否具有美感；最后能否透过这个VI说出项目的故事，比如某高端别墅项目的VI设计以黑色为主色调，背景融合山水纹理，LOGO和字体以金色为主色调，LOGO的中间是一条龙构成的C字，由此我们可以理解出的是，黑色代表着庄重、敬畏心，符合高端项目的气质，黑金的搭配在视觉的呈现上也是非常具有美感的，而且金色在古代代表皇家，用金色的LOGO和字体很显然能够体现项目的高端属性，"龙"本就指帝王，C也就是C位，可以体现项目的位置属性。透过这个VI设计，我们可以看到其背后应该是一个处于中央位置的高端别墅区。

二、VI 系统延伸

VI系统延伸即项目在VI系统确定后进行的项目其他宣传海报、包装、名片等方面的设计。一般来讲，常见的延伸设计包括以下内容：

（1）项目的所有包装物料，如项目围挡、吊旗、道旗、桁架、手提袋、档案袋等。

（2）项目销售道具，如置业顾问名片、现场的展示架、楼书、宣传折页、户型图等。

（3）项目宣传广告，如线上贴片广告、弹窗广告、户外广告等。

（4）项目的出街物料，如海报、拓客服装、看房车等。

（5）其他，如项目办公用品、导视牌等。

总的来说，项目的VI系统一旦确立，一切与项目相关的资料、物料、道具都会以此为视觉形象进行延伸设计，从而达到项目IP打造、塑造项目形象的目的。

第三节　售楼处包装

售楼处建好后，为了使项目形象契合项目调性，并且助力后期销售工作，在正式对外开放前需要进行项目的形象包装，项目形象包装主要分为外场包装和内场包装。

一、售楼处外场包装

售楼处外场包装主要是针对外场的广场、景观等进行包装。需要关注外场的展示能否吸引客流进入内场、是否能够契合项目形象、是否有吸引力、是否能够让客户顺利找到售房部等。常见的外场包装有以下几类。

（1）围挡：围挡主要通过富有吸引力的生活画面展示项目的每一个价值点，路过的客户可以直观地看到项目的围挡画面。

（2）导视系统：包括售楼处引导桁架、围挡引导、水牌引导等。

（3）精神堡垒：也就是项目的大 LOGO 展示 DP 点。

（4）价值点桁架：购买此项目的理由是什么。

（5）道旗：第一，让客户进入售房部有一种仪式感，第二，道旗的内容依旧是项目价值点，客户在进入售房部或者路过时都能对其产生记忆点。

（6）景观小品：水景、假山、绿化、花景、盆景等，让客户路过时产生观赏欲望。

（7）夜间灯光亮化：夜晚的灯光也是吸引客户的点。

（8）其他：根据不同节点做的特色包装等。

二、售楼处内场包装

售楼处内场包装主要需要符合销售的动线，即一个客户进入售房部后的参观动线是什么样的。内包装需要根据不同的参观顺序布置案场。常见的内场包装主要包括以下几类。

（1）品牌墙：一般进入售房部最先了解的就是项目的开发商。

（2）沙盘模型：包括区域沙盘和项目总规沙盘。

（3）主力户型模型。

（4）科室牌定制。

（5）证件展示架：五证、一房一价公示等资料。

（6）资料展示架：户型图、楼书、折页等。

（7）LED显示屏：节点性事件氛围制造。

（8）吊旗：价值点展示。

（9）其他：水吧台、地贴、前台、桌贴等节点性包装。

第四节 销售道具设计

项目的销售道具是为了助力置业顾问谈客而进行的相关物料设计，包括项目现场的价值展板、项目楼书、宣传单页、户型单页、置业顾问名片等。

一、价值展板

正常来讲，置业顾问带着客户介绍完品牌墙、区域沙盘等，会坐在谈客区进行深度交流，此时项目的价值展板则会是助力销售谈客的一个道具。比如置业顾问在谈到区域的土地价值时，如果案场设计了最近区域热拍的高溢价地块，置业顾问就可以借助展板跟客户交流，增强说服力。

常见的价值展板包括区域的发展价值、项目的产品价值、板块价值、配套价值等。

二、项目楼书

楼书其实就是一个项目的概述，它能够清晰地向客户传达项目的基本情况、价值点。

楼书的设计主要包括封面、封底、封二、封三、扉页的设计。其形象视觉设计来自VI系统的延伸。在进行楼书设计时，一般会采用简洁大气的排版，结合项目的效果图、广告语进行设计。

楼书的内容涵盖了开发商品牌实力及开发理念、项目基本情况、卖点、区域位置、交通情况、周边环境情况、生活配套设施、户型介绍、项目建筑风格和建筑材质等信息。

三、宣传单页

宣传单页不同于内场的销售道具，主要用于对外拓客，过去大部分企业在宣传项目时会直接通过大量派发单页的形式使人们形成记忆，从而达到宣传的目的。但是近些年，很多城市都在建设环保型城市，因此大部分城市是不提倡这种污染环境的行为。

近些年线下渠道兴起，很多开发商组建了自己的拓客渠道团队。以往的拓客只需要发传单就行了，但现在则需要直接把客户引导到售房部看房，因此宣传单页就成为拉客户的道具之一。户外拓客员拿着宣传单页直接就能清晰直观地介绍项目的价值点。

宣传单页一般是正反两面设计，正面的内容精简富有吸引力，根据项目的不同节点做不同主题吸引客户，比如有的主题直接打价格优势，如3999买某某区域精装楼盘；有的会宣传项目大的节点性活动，比如五一、十一活动；有的会宣传开盘，比如某某项目即将首开，全城热捧！背面的设计是对项目的价值点进行框架概括，如果版面够大，有的还会放上项目的代表户型图，这样客户在拿到宣传单的时候，就能清楚地知道项目的具体情况了。

四、户型单页

户型单页也就是案场的户型图，户型图是非常重要的销售道具，并且是每个看房客户最后都会拿回家的买房资料，因此户型图的设计尤为重要。户型单页一般包括双开折页和单页，户型图上的内容一般包含项目的户型结构、装修示意图、户型优点概括等，除此之外，还有非常重要的一点，户型图的背面一般会设计购房算价单，销售在讲解户型的过程中可以直接在测算单上给客户算房源的价格。

五、置业顾问名片

置业顾问名片也是重要的销售道具，名片的设计根据项目VI系统进行延伸，内容主要包括置业顾问的姓名、联系方式以及开发商的投诉渠道等。

第四章
房地产项目团队组建

第一节　团队架构及职责划分

一个常规的地产项目营销团队一般包括策划团队、销售团队、渠道团队及后台团队四条线，每个团队设相应的团队负责人，团队所有成员由项目负责人全面统筹营销工作。

一、策划团队

策划团队在项目中充当着军师的角色，从项目拿地开始一直贯穿楼盘的整个销售过程，从前期的市场调研、项目调研、营销策略到项目销售再到项目销售结束最终交付给业主。

这期间，项目的大小事情都需要策划亲力亲为，比如项目整体的推售节奏、营销策略、案场的口播等，甚至是案场的环境卫生都需要策划监督。因此，对于策划人员的要求是比较高的，既要具备创造性思维能力，又要具备较强的执行能力。在行业内，用一句话概括，就是策划必须什么都会一点点，比如平面鉴赏、主持控场、活动策划、报告撰写、现场管理、沟通、设计、拍摄剪辑、文案创作等。

二、销售团队

项目销售经理主抓销售团队管理工作，并参与项目策划管理工作。销售团队一般是在项目开盘前两个月左右开始组建，很多项目为了增加销售的竞争力，会建多个销售团队进行PK，常见的是引入代理销售团队和自有销售团队进行PK。

销售团队在开盘前期主要在外展协助渠道团队，等到售楼部正式开放后回归案场接待客户，负责日常客户接待、回访及销售工作。

三、渠道团队

渠道团队分为自有渠道和三级渠道。

自有渠道即开发商自建的渠道团队。团队主要由一名渠道负责人负责统筹渠道工作，另外，分渠道线设渠道专员。

常见的自有渠道分为三条线：电话销售线、竞品拦截线、行销派单拓客线。自有渠道的主要工作就是为项目拓宽推广渠道，采取直接与客户接触的方式将客户带到案场，增加项目的销量。一般渠道负责人和渠道专员还负责拓展商会、企事业单位等大客户资源，兼职人员则在渠道专员的管理下在各条线配合客户拓展工作。自有渠道相对于项目的其他推广渠道来说，更加直接有效，费效也更低。

三级渠道即中介门店。中介门店的客户一般都是精准的看房客户，到访成交转化率较高，许多开发商在市场下行或者销售压力较大的时候会选择与中介门店合作，通过支付中介门店成交佣金的形式提高三级渠道带客量，从而达到销售的目的。但是这种形式对于开发商而言，每卖出一套房子一般需要支付给三级渠道 1%~5% 的高额佣金，导致房子利润率直接大打折扣。

四、后台团队

后台又称销管，销管的职责主要包括以下几方面。

（1）负责销售案场佣金结算、日常数据报表统计整理、销售合同管理等案场管理工作。

（2）协助监督项目签约和回款计划的执行。

（3）协助营销负责人管控销售风险，提升项目的服务品质。

（4）协助做好公司政策传达及辅助培训。

（5）根据相应的销售节点及公司政策，辅助项目营销负责人节点管控及达成公司各项考核指标。

（6）及时沟通项目、工程、法务、财务等横向部门，快速推进项目的各项需求工作。

（7）协助项目营销团队的日常行政类工作及案场的其他工作。

第二节　销渠团队组建

一、销售团队必备知识与技能

销售团队作为房地产销售的主力军，要直接面对客户，一般在项目开盘前两个月需要完成销售团队组建工作。在面对项目首开这样大型的开盘节点时，销售团队必须拥有过硬的销售能力才能确保项目最大化去化。因此在进行团队组建时，需要考核销售人员的多方面知识与技能，主要包括房地产行业知识、项目知识、产业知识、营销知识、销售技巧、沟通技巧等方面的知识和能力。

（1）房地产行业知识：房地产基础知识、房地产行业动态、发展现状、购房政策、按揭政策、按揭流程、法律法规、投资理财知识、国家宏观经济和产业发展规划等。

（2）项目知识：项目所在城市区域发展与规划；项目规划业态现状、

发展与前景；项目所在区域竞品信息；项目开发商的情况、项目销售业态知识等。

（3）产业知识：产业发展现状、趋势、前景；产业结构、产业链、产业企业；产业产品、服务、业态等。

（4）营销知识：项目的宣传、推广、策划、营销策略等。

（5）销售技巧：销售流程、客户开发、客户分析、谈客技巧、逼定技巧；项目全流程讲解；签约流程、按揭办理、客户维系等。

（6）沟通技巧：听、说技能，反馈技能、观察技能等。

二、销售团队招聘渠道

销售团队招聘主要有校园招聘、内部推荐、社会招聘及同行推荐四种渠道。

（1）校园招聘：很多大开发商有比较完善的人才培养体系，并且十分注重校园招聘，因为对于很多企业来讲，更加注重员工的忠诚度，而校园招聘的员工相对于已经在职场打拼多年的员工来讲，就是一张白纸，公司通过企业文化、价值观的输出，使他们对公司会产生极强的忠诚度。因此，许多开发商都有自己的校园招聘体系，为企业储备和培养营销精英团队。

（2）内部推荐：内部推荐一般是采取员工推荐激励政策，鼓励员工推荐合适的销售人员。这种方式一般能够较为快速地获得与职位匹配度较高的销售人员，也是很多开发商比较喜欢的一种招聘渠道。

（3）社会招聘：社会招聘主要通过朋友圈招聘海报、招聘网站、行业社群等渠道发送招聘信息，收集简历进行筛选，然后经面试环节后选取与职位匹配度较高的应聘人员。社会招聘相对来说招聘成本较高并且较为耗时。

（4）同行推荐：主要借助行业交流群、同行等推荐合适人员。同行推荐也是比较精准的招聘渠道之一。

在进行销售团队招聘时，除了校园招聘方式，其他招聘方式面试筛选时，最好选择对项目所在区域及市场较为熟悉的有经验的销售人员。挑选匹配的销售人员还需要考虑到与产品的匹配度，比如有些销售擅长卖豪宅，有些销售擅长卖刚需盘，这些都需要根据项目的产品选择适配度最高的销售人员。另外，选取自带客户资源的销售也可以大大提高项目的到访成交率，在招聘时也需要重点考虑。

除了以上四种招聘渠道外，在短期内项目销售团队组建困难的情况下，引进代理团队也是许多开发商的选择。完备的代理服务体系，能快速为项目组建营销团队，带来非常多的客户资源，可以快速解决项目前期的一些问题。

三、渠道团队招聘渠道

渠道团队一般除了渠道负责人及渠道专员外，其余都是编外人员。在项目前期往往需要招聘大量渠道人员进行行销拓客、竞品拦截等，因此渠道团队的招聘也是项目招聘的重点工作之一。

渠道拓客人员和电话销售（以下称为电CALL）人员一般不需要太高的专业度及丰富的工作经验，往往经过半天的话术培训就可以直接上岗，所以很多企业在组建渠道团队时会采取兼职招聘渠道。

第三节 项目销售团队培训及管理

一、销售团队培训内容

销售团队的培训主要围绕知识、技能、态度三个板块进行。一般通过销售内部培训、跨部门分享交流、销售头脑风暴、竞品踩盘等方式让销售快速掌握销售技能,并将这些培训形成固定说辞让销售掌握且背诵,最终针对销售进行全流程接待考核后方可上岗。

（一）知识培训

知识培训即房地产相关的知识及对本项目产品的知识等的培训,主要内容包括项目接待全流程说辞培训、项目价值培训、项目不利因素说辞培训、市场信息培训等如表4-1所示。

表4-1 项目销售知识培训

项目	培训内容	培训方式
项目接待全流程说辞培训	开发商品牌墙说辞培训	销售内部组织培训
	区域沙盘说辞培训	
	项目沙盘说辞培训	
	项目户型图说辞培训	
	项目示范区及样板房说辞培训	
	项目户型单体模型说辞培训	
项目接待全流程说辞培训	项目答客问说辞培训	销售内部组织培训
	项目景观说辞培训	
项目不利因素说辞培训	项目不利因素说辞培训	工程部培训

续表

项目	培训内容	培训方式
项目价值培训	房地产市场状况及区域发展潜力培训	客研部门培训
	户型价值点培训	设计部培训
	园林设计理念、特点、立面风格材质等	园林景观工程部培训
	工程计划、施工工艺、工程材料特点、安防应用特点、精装理念及工艺特点等	工程部培训
	物业管理理念、物业各岗位管理规范及物业服务优势和特点、所获荣誉以及代表事件等	物业部培训
市场信息培训	购房政策、法律法规、相关费率、银行政策、按揭流程培训	销售内部头脑风暴、内部策划组织培训、竞品踩盘等
	国家宏观经济和产业发展规划培训	
	房地产市场发展现状、未来前景培训	
	竞品信息培训	

（二）技能培训

主要是针对销售技能的培训，一个好的销售除了需要熟练掌握项目自身的产品知识外，为了提高销售专业度，增加在谈客过程中的谈资，还需要熟练掌握一些与销售相关的技能，比如销售抗性、客户摸底等如表4-2所示。

表4-2 项目技能培训

项目	培训内容	培训方式
客户摸底培训	背包品牌知识培训	销售内部组织培训
	手表品牌知识培训	
	汽车品牌及车标培训	
	服装品牌培训	
	奢侈品培训	
客户共同话题培训	红酒/鸡尾酒知识培训	销售内部组织培训
	财经知识/财经热点培训	
	高尔夫球技能培训	
	证券/股票/基金/黄金/汇率培训	

续表

项目	培训内容	培训方式
谈客技巧培训	客户谈判技巧培训	销售内部组织培训
	抗性话术培训	
	客户逼定技巧培训	
	客户购房心理培训	
	客户微表情微动作培训	
	折扣释放技巧培训	
	客户沟通技巧培训	
其他	签约流程、按揭办理流程、明源系统操作流程培训	

（三）态度培训

销售在接待过程中的礼仪培训、销售规章制度及销售心态调整等内容的培训如表4-3所示。

表4-3 销售态度培训

项目	培训内容	培训方式
礼仪培训	接待礼仪培训	销售内部组织培训
	餐桌礼仪培训	
	接听电话礼仪培训	
	服装穿搭技巧培训	
	化妆培训	
规章制度及销售心态培训	销售规章制度培训	
	销售奖惩制度培训	
	销售心态调整培训	

在项目正式出街前，销售经理及销售主管需要带领销售团队通过项目全流程话术考核，再由销售人员负责给客户讲解项目信息，同时培训下面的渠道人员。在项目开盘前，营销经理及策划团队也需要定期制订相应的培训计划，确保在项目正式开盘前，销售人员能够达到较高的销售水平以协助项目快速去化。

二、销售团队管理

销售团队的终极目标是以结果为导向的，因此，制定销售管理制度的出发点是提高销量。团队管理的首要任务是制定团队考核目标，进而通过其他管理手段推动销售目标达成，比如制定竞争制度、营销激励政策、团队帮扶策略等。

（一）团队考核目标

清晰的目标产生坚定的信念，因此销售团队组建后，需要给团队制定一个清晰的目标，并将团队目标具体分解到每个责任人，根据每个销售在团队中所处的职级、能力等情况，分阶段设定不同的目标，销售经理需要随时监督销售人员的目标完成情况。

（二）竞争制度

在团队内部设计各种形式的 PK 竞赛活动，让成员充分参与，调动其积极性，激励成员完善自己，比如将销售团队分组，每组设一名组长带几名组员，以周或月为单位进行 PK，并制定相应的奖励机制。另外，每周设周冠军、每月设月冠军，以调动销售积极性。

（三）营销激励政策

销售比较关注金钱和职业发展，因此激励的手段主要围绕这两方面，金钱方面可以给予销售人员物质激励，比如佣金跳点，达成一定销售目标可以实现单套跳点，又或者进行现金奖励、奢侈品等礼物奖励等；职业发展方向方面，可以制定一套职业升迁体系，比如季度前三名职级上升一级。除了这两方面，还可以从精神方面进行激励，销售人员工作压力大、工作比较繁忙，增加休息时间、组织旅游活动等都可以作为销售的激励手段。

（四）团队帮扶策略

团队成员的能力有强有弱，要让团队整体销售能力提升，就要让团队成员之间实现"传帮带"，即团队帮扶。首先，在团队内部设立几名榜样人物，可以将其设为小组长，每个组长带几名组员，帮助组员提升销售技能，每天晚会分组梳理客户情况，并针对遇到的客户抗性问题进行分析讨论总结，各小组之间再进行话术演练，以此提高团队作战能力。

三、渠道团队培训内容

渠道团队培训主要是针对自有渠道培训及分销渠道培训。渠道人员的工作主要是拓客，将客户拉到销售中心，不需要直接进行销售，因此渠道人员需要掌握的技能不需要像销售那样专业、全面，并且由于渠道大都是编外兼职人员，具有不稳定性，也没办法同销售团队那样进行全面的培训工作，一般都是简单地对项目情况有所了解后就直接上岗，因此渠道培训主要是项目基本信息培训和拓客技巧培训。

（一）项目基本信息培训

项目基本信息包括项目的区位、体量、绿化率、产品面积段等基本情况以及项目的交通、医疗、商业、户型等价值点。渠道人员了解了项目基本信息后在拓客时就可以回答客户提出的一些基础问题，如果客户还想了解更全面的信息，渠道人员就可以借此机会将客户引导到销售中心，以得到更专业的解答。

（二）拓客技巧培训

拓客技巧主要培训渠道人员如何在指定拓客区域拓客，如何和客户沟通并说服客户去售楼处看房，一般项目都会根据项目营销节点针对渠道拓客制定相应的拓客说辞，比如利用开盘节点、活动节点等噱头邀请客户到现场参加活动。

渠道人员的培训一般以周为节点，每周让渠道人员在售楼处集合，安排一名置业顾问全流程讲一遍项目情况，再对一些重点问题进行解答，同时渠道人员也可以派几名带客量高的渠道人员现场为大家演示如何拓客。

针对三级分销渠道，可以每周邀请分销门店的同事到售楼处进行统一培训。对于三级分销培训，除了置业顾问详细介绍项目信息外，还应该重点对同区域内的其他项目进行分析，告诉分销同事本项目的核心卖点是什么，因为分销门店带客有更多选择性，他们会根据客户情况、佣金点数、楼盘价值重点选择将客户带到哪个项目。所以在进行三级培训时，需要强化本项目区别于其他项目的卖点、本项目的佣金奖励政策等。除此之外，还可以定期举办分销表彰大会，借表彰契机灌输项目价值，达到培训的目的。

四、渠道团队管理制度

渠道团队管理主要是针对自有渠道的管理，区别于销售团队较为稳定可以制定严格的奖惩制度，渠道团队由于人员不固定以及薪资较低，销售管理制度不能直接用于渠道人员的管理上。但是渠道人员也需要制定有针对性的管理措施方能让拓客工作有序进行。渠道团队的管理主要包括岗位监督、目标考核以及激励政策等方面。

（一）岗位监督

渠道人员是在户外工作，具有一定的分散性，如果没有严格的监控，很难确保每位渠道人员都在指定的区域认真拓客。因此，负责各条线的渠道专员每天需要对编外渠道人员进行指定区域划分，每个区域再设一名小组长监督组员的拓客情况，组员只能在指定区域内拓客，渠道专员及管理渠道线的策划人员会每天不定时在渠道群要求大家实时共享位置或者按照要求拍照发群里检查是否在岗，渠道专员每天也需要不定时地在各个拓客区域检查渠道人员工作情况。

（二）目标考核

渠道的目标考核一般以天为单位制定目标。一般专职拓客的，要求一天或者两天带访一组客户到案场；要求留电的，则一天获得意向电话号码不能低于5组，具体根据项目情况而定。

（三）激励政策

渠道团队激励政策需要围绕团队的主观能动性和稳定性两方面来制定。主观能动性也就是提高渠道人员的积极性，一般通过制定带客奖励制度及带客转成交奖励制度激励渠道人员积极拓客；稳定性即尽量让每个渠道人员长期待在项目兼职，可以通过考勤工资跳点提高兼职人员出勤率，比如每月出勤天数大于13天，每天工资增加一定金额，出勤天数大于26天，每天工资再增加一定金额，以此刺激兼职人员长期留下来工作。另外，还可以组织渠道团建活动、小礼品奖励等提升兼职人员的归属感。

第五章
房地产项目销拓话术

第一节　项目全流程接待话术

项目全流程接待话术即客户到达项目后，销售对其进行全流程介绍项目价值点的话术。一般项目都会设置一个规范化的看房动线，大部分楼盘的看房动线是客户在前台登记后，由置业顾问引导至品牌区介绍品牌，随后介绍区域沙盘、项目沙盘、户型图、景观示范区、样板房，介绍完样板房后便带领客户到谈客区深入交流沟通，进行算价、逼定等动作。

置业顾问接待时的第一段话一般为：

"先生／女士，您好，欢迎来到××××非常宜居的楼盘——×××，我是您的专属置业顾问×××，将为您的置业做全程服务，欢迎您的督导和评价，下面由我为您全方位讲解一下我们项目。请问您贵姓？"

全流程接待的过程中除了给客户介绍项目外，更重要的是在介绍过程中对客户进行摸底并和客户快速破冰，因此销售在介绍时会形成带有自身性格特色的话术。比如有些销售在自我介绍时，会主动询问客户从哪里来，由此大概可以分析客户为什么会选择在这个区域看房；有些销售为了为后续逼定做铺垫，会在一开始介绍时就制造项目房源紧俏性，比如：

"×××先生，您怎么现在才来这个项目看房子呀，我们项目是这个区域的销冠楼盘，卖得特别好，现在只剩几套房子了，我给您好好介绍一下，如果您看好一定要抓紧定，不然错过了就没有了！"

进行自我介绍破冰后，接下来就是对每个沙盘逐一分区介绍。

一、品牌介绍话术

品牌话术的核心逻辑是通过对品牌的介绍让客户了解开发商的实力，品牌实力强大能增强客户对项目的信心，并且消除客户对期房风险的担忧。

介绍品牌时，一般从开发商实力、产品品质以及物业服务三个方面着手。

（1）开发商实力：主要介绍开发商的发展历程、专注的领域、开发的项目总量、知名项目、品牌获得的殊荣、在项目所在城市开发的项目等，对品牌实力的介绍主要通过数据支撑品牌实力强的话术。在介绍实力时，还可以向客户介绍一些全国知名的项目，比如××开发商在北京开发的豪宅项目是全国具有代表性的豪宅楼盘，在介绍品牌时，便可以把本品牌开发商开发的知名项目拿出来介绍。

（2）产品品质：主要介绍开发商的开发理念、品质标准、开发经验、园林设计标准等，并通过对品质细节的介绍加深客户的记忆点，比如讲个项目工程师追求精工技艺的小故事。

（3）物业服务：首先对物业的实力进行综合概括，比如在全国处在什么样的水平，获得过哪些殊荣，物业服务的宗旨是什么。然后对物业的服务细节进行举例介绍，比如五星级管家式服务；夜间巡逻的保安要换上软底鞋以免打扰业主休息；社区的道路，雨停20分钟后不允许看到积水。除了物业服务细节，还可以介绍物业比较先进的智能化科技，比如家里的智能系统、社区的三重门禁系统等，此外还可以讲一些物业小故事打动客户。

二、区域沙盘介绍话术

讲区域沙盘的核心逻辑是告诉客户为什么要在我们项目所在的这个区域购买房子。一般通过总—分—总的结构进行介绍。

首先，用简短的几句话概括指出本项目所在的区域位置及核心优势，比如：

"下面将为您介绍我们项目的区位价值，我们项目所在的位置是我激光笔所指的位置，我们的项目的区位价值可以总结为……"

其次，对区域的每个价值分别进行讲解，一般区位价值包含板块价值、交通价值、景观价值、配套价值四个方面。介绍板块价值的时候主要针对板块的规划、在城市所处的战略定位，让客户认可板块的潜力；交通价值则是对项目周边的交通情况进行逐一介绍，比如附近有几横几纵道路，有哪些地铁线，最近的地铁口在哪里，去核心区域的出行路线，周边高铁站、机场、高速等都可以介绍，让客户感受到出行的便捷性；景观价值则是对周边的山河湖海公园等自然资源进行介绍，让客户认可周边的环境；配套价值主要介绍项目周边的商圈、医疗、教育、文体等配套资源，让客户感受到未来居住在这里的生活便利性。

最后，再用一句话总结项目的优势，加深客户记忆点。

当然，介绍区域沙盘除了常规逻辑外，还需要做到在区域沙盘上就把别的区域"拍死在沙滩上"。一个好的销售在讲区域时，要由面到点，先告诉客户这个城市的价值，即为什么要在这个城市买房，然后告诉他为什么要在这个区域买房，最后缩小到一个点，即为什么要买本项目的房。从另一个层面来讲，在介绍区域沙盘时就要给客户分析这个城市主要有哪些购房板块，每个板块购房的优劣势是什么，弱化其他区域优势强化其劣势，再结合客户的情况给客户提出合理化的建议。这样一来，客户看其他区域的房子时，心里会带着劣势去看待，可以一定程度上降低客户的区域抗性。

三、项目沙盘介绍话术

一个成功的区域介绍话术可以让客户认可这个区域，但并不代表他会选择这个项目，他可能会对同区域的其他项目进行一一对比后再做决定，而一个成功的项目沙盘说辞却足以让客户在认可区域的基础上，爱上这个项目。因此，在撰写项目沙盘话术的时候，一定要以结果为导向，思考这个项目会打动客户的点有哪些。

一般在区域配套都一样的情况下，让客户对比的点就是小区的体量、总体规划、社区品质、建筑风格、园林景观、户型、物业服务、价格等因素。因此，在进行项目沙盘介绍时，需要对这些进行着重描述，并且结合生活化场景化进行讲解，给客户营造未来住进去之后的生活场景，使其不自觉地融入其中。

常见的介绍项目沙盘的逻辑和介绍区域沙盘是一样的，采取总—分—总的形式，首先对项目整体规划进行定位，比如"本项目是目前区域内畅销的高端项目，接下来我将从项目总体规划、园林景观、材质工艺以及物业服务等方面详细介绍您未来的品质生活居所"。让客户对项目有一个总体的认知，然后分别对总体规划、园林景观、材质工艺、物业服务进行仔细介绍，最后做一个总结。

（一）总体规划

总体规划主要介绍项目的基础指标、规划的产品及配套情况。基础指标一般会概括说明项目的占地面积、建筑面积、容积率、绿化率、规划户数等客户较关心的数据；规划的产品及配套情况即整个项目由什么组成，比如"本项目是由30栋品质住宅、1个购物中心、1所托幼、1所小学、约10万平方米的商业配套设施组成的大型城市综合体"。除了介绍总体规划情况外，还需要通过语言组织告诉客户未来这些规划对客户的利益点是什么，比如客户居住在这里可以享受到10分钟的优质生活圈，步行10分钟内即可满足客户对居住、购物、出行、上学、休闲、娱乐、就医等全部生活需求，让客户充分感受到项目的便利性。最后，再对项目销售的产品做介绍，项目一共有多少栋楼，涵盖了什么产品，产品分布情况，目前在售的产品是什么，这些都是客户最关心的问题。

（二）园林景观

园林景观主要介绍小区的园林设计理念、社区景观构成、景观特点等。写景观话术时要先和工程部园林景观设计师沟通。一般设计师在进行园林规划设计时会综合各方面因素来考量设计，比如根据城市特征，如青岛是红瓦、绿树、碧海、蓝天的沿海城市，那很多项目在设计景观时就会结合青岛城市特点来设计；有些项目会结合项目周边的自然环境来设计，比如周边有山河湖海，项目为了与之融为一体，会在景观上进行量身设计；还有些项目设计景观时会考虑当地的历史人文著名景点等因素。

社区的景观一般由社区的景观轴、休闲娱乐空间、景观小品构成。介绍景观时，需要从客户的角度出发，告诉客户景观这样设计是考虑到人文需求，比如针对不同年龄段的群体设计的富有温度的社区景观，在设计游乐场的时候，会针对0~3岁、3~6岁、6~9岁、9~12岁不同阶段的孩子设计不同的游乐设施；考虑到现代人对健康生活的追求，小区内设计了塑胶跑道；考虑到现代都市白领的办公需求，设计了休闲办公卡座，还增加了全小区 Wi-Fi 覆盖等，让客户感受到不一样的景观特征，并爱上这个小区。

（三）材质工艺

材质工艺的介绍也就是对项目品质的升华，一般介绍项目的立面风格、建筑材质、建筑工艺、玻璃材质等，其实很多客户对项目风格及材质并不是很清楚，在介绍材质工艺时，最好能介绍建筑风格、材质工艺的发展史及优缺点，再将本项目的建筑风格、材质工艺与市面上的进行对比，由此让客户看到本项目的不同之处。

讲外立面材质的时候，可以讲建筑的外立面经过了多少次升级，市场上最开始是用瓷砖做外立面，但是因为时间久了瓷砖容易开裂并且不够美观，后来升级到涂料，又因为涂料不耐脏，尤其是下雨后很容易变脏，由此又升级到质感涂料，再后来又升级到铝板，但是铝板容易变形，又出现了铝方通格栅设计，再转到介绍本项目的外立面材质是什么，属于第几代升级产品，这样客户很容易就理解到项目的材质不同。

对工艺的介绍，可以重点讲项目哪些地方运用到了特殊工艺，工艺费了多少道程序，经过多少次打磨等，由此给项目贴上品质标签。

（四）物业服务

在品牌墙介绍时已经对物业品质进行了综合介绍，在项目沙盘介绍时再介绍一次，主要是为了加深客户对本项目物业的了解。此时介绍物业情况主要从物业细节出发，着重介绍本项目有哪些较为贴心的物业服务，同样可以通过物业小故事来介绍，也可以从客户的痛点来介绍。

四、样板房介绍话术

样板房话术也是项目全流程话术的重要一环，客户对于品牌墙、区域沙盘、项目沙盘主要停留在想象中，看不到实际落成的东西，但是样板房却是实实在在的房子的展示，客户在参观时更容易融入其间，因此对样板房的介绍是最容易打动客户的。

介绍样板房的顺序是从销售中心走到样板房的这段路程介绍项目的景观示范区，随后介绍项目的建筑风格、材质工艺，在样板房门口对样板房的户型做总体介绍，并且说明样板房与实际户型的差异，随后进入样板房逐一介绍各个功能空间。

样板房介绍尤为重要的是场景化描述，让客户更有代入感，感受到居住其中的感觉，一个好的销售人员是能在样板房给客户造梦的。比如以前有个项目销售，给一位年过半百的北大教授造梦，她指着窗外的篮球场说，"您看，您未来住在这里，看到下面的篮球场，就仿佛看到了您十七八岁时青春的样子"，这样一句话让老教授热泪盈眶。还有些销售在造梦时，通过对未来一家人其乐融融的生活描述打动客户。

除了造梦外，还可以根据客户生活的痛点来营造场景，比如样板房双卫设计，就可以借助生活中只有一卫带来的早上洗漱的烦恼进行痛点描述，让客户感受到双卫的好处。

总结来讲，项目的全流程介绍以由面到点的方式进行介绍，从为什么选择这个城市、为什么选择这个城市的这个区域、为什么选择这个区域的这个板块落实到为什么选择这个板块的这个项目，让客户一步一步将眼光聚焦到本项目，最后综合客户的实际情况，如是否具备购买力、是否具备购买目的、决策人是否在场，如果客户满足这些条件，就进行逼定。

第二节　项目客户抗性

项目客户抗性即客户拒绝购买本项目的因素。销售要逼定的前提就是找到客户的真正抗性是什么，再逐一解决，最后逼定成交。常见的客户抗性包括区域抗性、园区抗性、价格抗性、竞品抗性、配套抗性、噪声抗性、楼间距抗性。

一、区域抗性话术

区域抗性产生的原因一般是位置比较偏、区域发展不成熟，或者是区域距离客户日常生活和工作地较远，通勤时间比较长。解决区域抗性问题需要从客户实际情况入手，首先是对客户的居住和工作情况等进行详细深入的了解，再进行针对性的劝说。

第一，客户认为项目位置偏远、项目所在区域发展不成熟。那就对城市的未来规划做一个介绍。城市是在不断发展的，每个区域在发展之初都会经历规划、开发的过程，最后才会形成成熟的区域。比如上海的浦东，在最初的时候上海人流行一句话叫"宁要浦西一张床，不要浦东一间房"，但随着城市的发展，浦东新区已经成为上海的新地标之一；重庆金开大道最初一片荒凉，经过八大金刚闹金开（八大知名房企共同开发金开大道）后成为重庆著名的富人区；深圳最开始的核心区是罗湖区，南山区也是后来发展起来的。在给客户介绍时，可以通过举例说明并结合片区规划和开发商聚集程度进行综合分析，告诉客户该区域的发展潜力，并借未来规划配套所带来的升值红利让客户消除对位置偏的抗性。

第二，如果项目位置距离客户生活和工作地较远。解决这个问题从三个方面入手，首先，告知客户一般随着城市的发展，交通都会变得比较方便；其次，分析客户工作的性质，一般客户的工作地不会一成不变，再结合销售自身几年的工作地变动进行举例说明，弱化客户对离工作地远的抗性；最后，回归到本项目的优势，通过强化本项目的区域优势、配套优势及升值潜力，让客户目光聚焦在本项目，告诉客户未来即使生活或工作有变动，把这套房子卖了还可以换套房子。

二、园区抗性话术

园区抗性主要表现在分组团、园区小、园区景观绿化少等方面。客户认为园区小、景观绿化少的背后是觉得小内配套不够完善、公共空间少，这是很多项目的硬伤。特别是像深圳、香港这种面积较小的城市以及核心区域的房子，大部分社区只有几万平方米的体量，解决这个问题主要通过强化大社区的缺点和强化小社区的优点的方式。比如以下案例：

"其实在设计小区的时候，我们也对我们其他项目的很多业主进行过访谈，发现他们认为社区太大了并不是件好事。首先社区大居住的人多也比较乱，而且不便于物业的管理。社区太大了，原本买房的时候觉得买在小区最里面是最安静的，住进去后就后悔了，因为从小区里面走到小区门口要十几分钟，再从门口走到公交站、地铁站又要几百米，他们倒宁愿选择离大门口近的楼栋。基于客户的这些苦恼，我们对社区进行了分组团的设计，每个组团虽然不大，但是容积率比较低，住的人比较少，我们的物业也可以实现精细化的管理，而且人均景观面积并不比大社区小，最主要的是这种小社区解决了需要长时间才能走到大门口的烦恼，下楼后很快就到大门口了，购物什么的都非常方便！"

三、价格抗性话术

价格抗性主要是客户认为价格太贵而产生的抗性，对此，话术从两个方面入手。

第一，对周边的竞品价格进行梳理，告诉客户竞品的价格是什么情况，并和本项目价格进行对比。一般情况下，在项目制定价格的时候都会参考项目周边的市场价，一般不会与市场价有太大出入。

第二，给客户重新梳理本项目的价值，告诉客户本项目为什么值这个价格，让客户对价格认可。如果客户还是觉得项目贵，那就摸清楚客户的心理价位，寻找本项目是否有与之心理价位相匹配的特惠房源，如果有就强推优惠房源，如果客户心理价位远低于本项目价格，则建议其选择更偏一点的区域。

四、竞品抗性话术

客户一般看本项目的同时，也会与竞品项目做对比，在进行客户摸底的时候，需要深入了解客户目前关注哪些项目，项目对比分析如表5-1和表5-2所示。比如在区域沙盘介绍时，就可以先入为主，告诉客户本项目周边有哪些项目，其优劣势是什么，借此顺带问出客户是否看过这些项目，在谈客区谈论的过程中，也可以顺便问客户对区域内哪些楼盘比较关注，最关注的点是什么。

面对客户的竞品抗性，需要注意的是不要直接打击竞品，因为这很容易引发客户的不满情绪，要客观地对几个竞品项目作横向对比。对周边竞品与本项目的体量、建筑风格、绿化率、容积率、物业、品牌、户型、价格等情况进行横向对比，客观地告诉客户本项目相对于其他项目的优势是什么，再结合客户重点关注的问题进行深入挖掘，告诉他为什么本项目最适合他。

表5-1　竞品横向对比分析表

项目	本案	竞品1	竞品2	竞品3	竞品4	优劣势对比
周边配套	交通	—	—	—	—	—
	商业	—	—	—	—	—
	生态	—	—	—	—	—
	产业	—	—	—	—	—
	医疗	—	—	—	—	—
	教育	—	—	—	—	—
基础指标	占地	—	—	—	—	—
	建面	—	—	—	—	—
	容积率	—	—	—	—	—
	户数	—	—	—	—	—
	停车位	—	—	—	—	—
	产权	—	—	—	—	—
	交房时间	—	—	—	—	—
	楼层	—	—	—	—	—
	建筑设计公司					
	园林设计公司					
产品打造	户型配比	—	—	—	—	—
	梯户比	—	—	—	—	—
	均价	—	—	—	—	—
	梯户比	—	—	—	—	—
	精装标准	—	—	—	—	—
	玻璃材质	—	—	—	—	—
	外立面材质	—	—	—	—	—

续表

项目	本案	竞品1	竞品2	竞品3	竞品4	优劣势对比
项目打造	入户门品牌	—	—	—	—	—
	可视对讲品牌	—	—	—	—	—
	开关品牌	—	—	—	—	—
	门锁品牌	—	—	—	—	—
	门窗品牌	—	—	—	—	—
	门窗把手	—	—	—	—	—
	五金品牌	—	—	—	—	—
物业服务	物业公司	—	—	—	—	—
	收费标准	—	—	—	—	—

表5-2 竞品户型尺度数据对比分析表

对标户型	项目	建筑面积	赠送面积	客餐厅开间	客餐厅进深	阳台开间	阳台进深	卧室1开间	卧室1进深	优劣势对比
A户型	竞品1	—	—	—	—	—	—	—	—	
	竞品2	—	—	—	—	—	—	—	—	
	竞品3	—	—	—	—	—	—	—	—	
	竞品4	—	—	—	—	—	—	—	—	

五、配套抗性话术

一般客户担心的配套抗性主要是商业和学校配套缺乏。商业抗性一般是客户认为周边购物不方便或者周围没有大的购物中心，解决这个问题时，要跟客户解释是因为项目还在建设中再加上该区域整体还没接房人没进来，配套自然不会先行，但是项目规划了相应的生活配套，并且未来周边的每个小区基本上都有社区底商，平时生活购物的需求完全可以满足。开车或者坐地铁到附近的大型购物中心也不需要太长时间，而且现在很多人都选择在网上购物，所以客户担心的商业配套完全不是问题。

相对来说，最大的配套抗性说辞是周边学校较少，孩子上学距离较远。解决这个抗性问题时首先要站在客户的角度去考虑。告知客户如果某项目承诺可以上某所学校，不建议客户买，因为很多客户在买房时，开发商承诺能上学校，但接房后业主却发现根本上不了，这样的例子不胜枚举。依据《中华人民共和国广告法》《中华人民共和国城市房地产管理法》《中华人民共和国土地管理法》《地名管理条例》《房地产广告发布规定》《北京市住房租赁条例》等法律法规以及有关政策规定，北京市发布了北京市房地产广告发布指引，其中规定不得含有"买房能落户"等能够为入住者办理户口、就业、升学等事项的承诺。

如果客户的孩子还有几年才上学，则告诉客户本项目附近规划的学校有哪些，预计什么时候建成，让客户明白当他孩子快上学的时候本项目学校配套已经起来了，完全不用担心。

六、噪声抗性话术

一般临路的房子噪音都比较大，。解决这个抗性问题主要从以下四方面入手。

（1）站在客户角度同意客户的说法，靠近道路确实存在一定的噪音问题。

（2）告诉客户噪声的影响并没有想的那么大，分析原因：

第一，按照国家标准规定，住宅区的噪声，白天不能超过50分贝，夜间应低于45分贝，若超过这个标准，便会对人体产生危害。本项目是通过了国家规定的标准噪声分贝的，所以可以放心购买。

第二，这栋楼与路之间不仅隔了一堵墙，而且中间有××米的距离，中间还有园林景观绿化隔离带，这对噪声也是有很强的阻隔作用的。

第三，现在房子的施工工艺在进步，加厚的保温层和双层中空玻璃都能避免噪声对居住的影响。本项目采用的是××窗，这种窗户不仅保温隔热性好，而且隔音效果非常好。综上，临路的房子在噪声上并不会对生活造成什么影响。

（3）相反，靠路的房子其实有它的优势所在。

第一，价格优势，很多客户肯定第一想法是觉得有噪声，大多数人都想买靠中庭的房子，但是殊不知，开发商在定价时也充分考虑到这一点，所以临路的房子价格都比较低，其他的自然定价较高。打比方，咱们项目同样的楼层，这一套比那一套一平方米便宜了××元，相当于一辆车钱了。

第二，出行方便，进出便捷。很多人买房住进去后会发现，住在离大门最近的楼是最方便的，比如在大热天提着一大堆在超市买的菜往小区里面走的时候，忍不住感叹"还是住在门口方便些啊"。

第三，临路的房子更好出租，租金也高，而且现在住宅是可以转商用的，比如以后自己想开个工作室，那么临路的就占绝对优势，相当于用住宅实现了商业化价值，所以投资回报率也更高。

（4）综上所述，这套房子虽然靠路，但不会对客户产生太大的影响，反而因为它的价格优势、出行优势及商业变现优势，买到即赚到。

七、楼间距抗性话术

楼间距也是项目最常见的客户抗性之一，客户认为楼间距窄一般是担心采光问题。解决这个问题，一般从三个方面入手。

（1）官方数据辅助：在项目报规划的时候，政府对日照系数是有要求的，一般最低标准是：在一年之中采光最差的一天，也就是冬至日，要保证小区中最差的一套房采光时间不低于两个小时，项目能报规通过，所以楼间距是没有问题的。

（2）采光时间需求：一般人白天在家待得时间并不长，往往是早上8点前就出门上班了，家里的孩子也出门上学了，到晚上回家的时候天已经黑了，大部分都是晚上在家，真正对采光的需求其实并没有想象中那么多，而本房源是保证了基本的采光需求的。

一般来讲，在客户购买力、购买需求及决策人都满足条件的情况下却没有订房，一定是有问题没有解决，想要逼定客户就需要深挖客户的抗性，然后逐一解决。在销售阶段，销售经理及策划每天要及时复盘客户并梳理项目的抗性，然后针对这些抗性进行头脑风暴，形成抗性话术，作为项目统一的销售说辞。

第三节　电CALL拓客话术

一、电CALL拓客常见答客问

电CALL拓客答客问一般是针对项目的一些基础信息提出的问题及解答，常见的问题包括项目的位置、介绍、配套、数据指标、价格、开盘时间等，一般项目位置、介绍、配套、数据指标等基础信息都有对应的项目信息介绍话术，而价格和开盘时间这种相对较敏感的话题，不能在客户还未到销售现场就直接告知的。

在客户问价格时，常见话术为："您好，我们项目是重点首开项目，价格信息即将会公布；您现在住在哪个区域呢？如果时间方便的话，您可以到咱们项目详细了解，我这边添加一下您的微信，给您发个定位。"

在客户问开盘时间时，常见话术为："我们预计×××年××月××日开盘，目前项目营销中心（营销展厅）已经开放了，您可以先来现场详细了解一下项目情况，首开的优惠力度是最大的，您一定不要错过，我这边添加一下您的微信，给您发个定位，您有空可以随时过来参观，项目有任何最新动态我也会通过微信发给您。"

二、拓客拉访技巧

拓客最重要的是自信，拓客员必须有自信，在心里告诉自己这个客户我一定能搞定。

拓客前，双手举着单页正面朝向客户，让客户清晰地看到宣传的内容。给客户介绍时面带微笑，语言尽量幽默，如果语言能让客户笑，那么你就成功了一半。

拓客的第一句话必须精辟且十分有吸引力，根据项目目前的卖点，第一句话大致可以浓缩成这样："先生/女士，您好，××位置的××项目有××产品，就快开盘了，您看您考虑吗？（第一句话一定要概括出项目的核心位置、核心卖点以及重大活动，吸引客户继续听详细的介绍）"

当开场白成功留住客户目光后，接下来的就是和客户之间的一场博弈，最终目的是让客户心甘情愿跟随拓客员到访售房部看房。这个时候一定要考虑双方利益，而双方合作的基础就是实现共赢。所以如何让客户觉得他这一趟值得去就显得尤为重要。那么客户去这一趟能得到哪些利益呢？

（1）客户本身就对这个项目有兴趣，那么去了肯定能得到自己想得到的信息，比如价格，何时开盘和物业等信息。

（2）帮助了一名拓客员提升业绩，做了件好事，他去这一趟可能浪费了一些时间，但是他却做了一件助人为乐的好事。

（3）售楼处周六周日一般会有活动，有时还会送一些礼品，他可以获得一份礼品。

第六章
房地产项目开盘前推广

项目推广活动需要遵守我国《房地产广告发布规定》，特别需要注意的是项目需要取得商品房预售许可证后方可进行广告等推广活动。

第一节　项目媒介推广渠道

一、传统媒体

传统媒体是相对于近几年火起来的网络媒体而言的大众传播方式，即通过某种机械装置定期向社会公众发布信息或提供教育娱乐平台的媒体，主要包括户外广告、广播、电视、报刊等传统意义上的媒体。

传统媒体投放的内容主要以静态文字、动态视频和语音三种方式呈现，通过不同的特征传递信息，达到宣传的效果。

大部分项目喜欢传统户外广告投放形式，是因为大部分地产项目的客群区域特征明显，而户外投放可以很好地选择客群所在区域的城市主干道、主要商圈进行户外大牌投放，比如选择电梯轿厢投放广告时可以根据项目客群特征挑选客群所在片区已经入住纯熟的社区或者项目周边房龄较大的社区进行投放；道旗、灯杆旗形式则有一定的引导性，在销售中心外的主干道两千米范围内投放，可以吸引过往的车辆进入营销中心参观。

在项目实际投放时，一般会采取多种媒体矩阵组合的方式，以达到推广功效最大化。并且在投放时，需要根据项目的调性、客群、不同的营销阶段，有侧重地选择。

总的来说，传统媒体相对于其他媒体，可以更精准地选择区域及客群，并且形式多样，具有一定的强迫诉求性质，可以潜移默化地影响客户，但是内容形式有局限性、费效比高，在营销费用紧张的情况下一般不宜大肆投放，但仍会占一定比例。

二、新媒体

新媒体推广已经成为一种趋势，在地产以及各个行业广泛应用，目前应用较多的新媒体平台为微博、短视频、综艺、App等，多媒体渠道联合推广往往能使营销宣传效果最大化。

新媒体平台主要包括新闻客户端、社交媒体、视频平台、DSP平台、房产网络平台、跨界网络平台、其他新媒体等常用媒体投放渠道，如表6-1所示。

表6-1 新媒体常用媒体投放渠道

类别	载体
新闻客户端	今日头条、一点资讯、天天快报、腾讯新闻客户端、网易等
社交媒体	微博、微信等
视频平台	优酷、爱奇艺、腾讯视频等
DSP平台	通过竞价方式，进行广告投放的第三方交易平台
房产网络平台	各房地产专业网络平台
其他新媒体	直播平台、论坛平台、网约车平台、旅游服务平台、问答平台、餐饮平台、百科平台等

新闻客户端主要分为精准定制类和常规新闻类投放。精准定制类即可以根据客户阅读习惯定向推荐内容，比如今日头条、天天快报、一点资讯等；常规新闻类则是按照频道划分内容，包括腾讯、网易、新浪、凤凰、搜狐等。新闻客户端的主流广告形式包括开屏广告、信息流广告、内容页广告。

第二节　项目活动推广

项目活动推广是项目在营销推广中最常见的方式,通过不同类别的活动达到为项目引流的目的。常见的项目活动包括事件营销活动、发布会活动、示范区开放活动、大型主题活动、暖场活动等。

一、事件营销活动

事件营销活动即通过制造某个劲爆的话题策划活动达到传播的目的,一般在项目初期,为了快速打开市场,很多开发商借助大型事件性活动制造热度,吸引受众关注。

在进行事件营销策划时话题一定要够劲爆够新颖,比如多年前的一场营销——"真马撞上宝马"事件就足够新颖和劲爆。还有些利用媒体名人站台的,比如模特商圈巡展站台引发大量的人群围观拍照,邀请明星到现场站台,这些方式都是事件营销活动常见的套路。

二、发布会活动

发布会活动是开发商在项目初期为了快速地树立项目形象、锁定客户而举办的大型活动。发布会活动一般包括品牌发布会、产品发布会两种形式,在做发布会时,开发商一般会选择在城市中比较有知名度的大型场馆举办,比如城市体育馆、歌剧院、会展中心等。

品牌发布会一般是该品牌在某个城市或者某个区域的第一次大型发声。借助品牌发布会,告诉客户品牌实力、开发理念、为什么要选择进入这个城市或者这个区域开发产品、未来会在这个城市或区域做一个怎样的占位等。总的来说，品牌发布会的目的就是要让客户了解并认可这个品牌，从而买它的产品。

产品发布会则主要是新项目为了宣传产品、树立项目形象而策划的活动。在产品发布会上，告诉客户这个项目的主形象是什么、为什么选址这个区域、区域价值和配套有哪些、小区有哪些亮点规划、户型设计经过了多少考量打磨。其实就是把这个新项目通过这种集中活动介绍给客户。

一般在发布会开始前一个月或半个月进行大量渠道式覆盖宣传，比如全城发送邀请函、商圈巡展邀约、置业顾问电约等方式。发布会现场根据发布会的主题与项目调性进行氛围包装，活动当天会请城市各大媒体前往现场参观报道，客户到达现场后，签到领取抽奖券进入场馆。活动开始后，一般会通过极具穿透力的视频、灯光等让客户沉浸式体验现场的氛围。活动的内容一般是开发商的负责人、营销部主管、项目负责人讲话，有些可能会让园林设计师、产品设计师上台讲园林和产品的设计理念。除了本公司的人，为了增强说服力，还会邀请圈内的名人站台，比如房产协会会长等，在项目经费较足的情况下，还会邀请明星引爆现场热度。在发布会进行的过程中，一般还会穿插一些表演活动和抽奖活动，让现场持续保持热度。

发布会是项目在市场上的第一次集中式发声，对于快速树立市场形象、快速获取客户有重要作用。

三、示范区开放活动

示范区开放活动是在项目营销中心第一次对外开放所举办的大型活

动。开放营销中心意味着大规模销售，因此当天现场景观的展示以及现场的人气对客户对项目建立信心起着很大的作用。

示范区开放当天，一般会进行剪彩仪式，项目领导讲话后剪彩正式开放营销中心。为了吸引人气聚集并且长时间停留，现场一般会举办较大的活动盛典，常见的比如乐队表演、歌舞表演、马戏团表演、模特走秀等。除了保证现场的人气氛围，当天一般还会举办游园打卡朋友圈集赞领礼品活动，吸引客户现场拍照发朋友圈获取更多流量。

需要注意的是，示范区开放前务必保证案场的各项物料齐全，比如现场的沙盘、公示文件、户型图、楼书、名片、前台的来访登记表等。

四、大型主题活动

大型主题活动是根据项目营销节点所需举办的主题性活动，一般持销期为了维持项目热度，会不定期举办大型主题活动。这类活动费用较高，所以举办频率相对较低，常见的有以月度或季度为主题和以大型节点为主题举办的活动。

主题活动内容会根据项目的客群调性有针对性地设计，比如针对老业主的家宴、答谢宴、邻里喜乐荟等活动，针对中介渠道举办的表彰大会主题活动，针对高端客群举办的豪车试驾、奢侈品品鉴等活动，针对现场人气聚集举办的主题嘉年华等，这些活动都是根据不同客群而定的。

除了客群外，还需要参考虑举办主题活动的时间节点，一般像端午节、五一小长假、十一国庆节、春节这种有多天假期的，比较适合做主题活动，大部分人都有空余时间参加。主题活动因为筹备的时间较长，涉及出方案、定案、招投标、物料准备、宣发等环节，所以月度性主题活动一般会选择在当月下旬的某个周末举办。

五、暖场活动

暖场活动是为了制造项目平时的现场热销氛围而举办的小活动，一般费用较低。常见的暖场活动有手工制作、现场热销播报、砸金蛋、转转盘、准点抽奖等。暖场活动一般每周末都会举办，活动内容也会因季节、节日特点而定，比如手作类，春天常做的包括风筝 DIY、多肉 DIY 等，夏天是 T 恤 DIY、秋天是风铃 DIY 等，冬天则是围巾、手套 DIY 等；再如节日类，端午节的粽子 DIY、母亲节和父亲节的贺卡 DIY、妇女节的花艺 DIY、美甲 DIY 等。

除了一些日常的暖场小活动，在营销费用有限的情况下，一般会通过向项目周边的客户派发礼品到现场充当客户来营造人气，案场的其他部门工作人员在必要的时候也会在谈客区充当看房客户；有些项目还派发印章卡进行打卡活动，客户每来一次盖章一次，集齐印章后获取丰厚礼品，借此提升项目日常的人气。

举办活动已经成为项目推广工作的重要一环，它对于现场人气的提高、项目品牌的推广都有重要作用。但是活动中客户群体较大，很多到访客户并不是精准的看房客户，因此销售人员需要花时间对这些活动客户进行筛选。不过，从策划的视角来看，做活动的最终目的还是在提升整个项目的知名度后，寻找到精准的客群。

第三节　项目亮相推广

一个新项目开盘前的节奏一般为"四二一七",即开盘前四个月建立项目大策略,完成定位与方向;开盘前两个月纠偏与修正,完成落地执行;开盘前一个月进行策略调整;开盘前七天组织完成开盘前的"临门一脚"。而项目最终的目的肯定是将房子卖出去,所以从项目亮相到开盘前的推广工作尤为重要。项目亮相推广工作主要分为展厅全面亮相、品牌发布会梳理价值、销售中心开放、开盘前强推期四个节点。

一、展厅全面亮相

城市外展厅开放,是正式亮相的第一步。在项目正式亮相前,会选取项目所在区域人流量较大的多个主流商圈同步开放外展厅,配合渠道巡展迅速引爆市场。

费用充足的情况下,外展厅一般除了区域内的主流商圈,还会选择项目所在城市的地标性商圈开放展厅。展厅一般会配备区域图、项目规划图、楼书折页、户型图、抽奖箱等物料,现场配置两名置业顾问和数十名派单员,置业顾问对派单员进行培训后,派单员负责将客户拉到展厅让置业顾问介绍项目并留电登记。为了维持各展厅热度,现场还会同步举办一些快闪活动、抽奖活动以吸引关注度。

除了商圈外展厅,一般还会选取加油站、老社区、竞品楼盘、菜市场、医院等人流密集、客群较精准的区域采取人海战术,通过渠道全覆盖进行宣传推广，通过送礼品、以发布会为噱头派发邀请函的形式邀请客户留电登记，大范围地获取客户量。

线下展厅开放的同时，线上也需要同步发声。项目亮相线上发声主要通过较有公信力的新闻型媒体、专业型地产频道进行舆论造势，共同传播区域价值。

媒体发声，常见的是以新闻报道或软文的形式解读当地经济发展及历史文化。比如××焕发生机，打通河西经济走廊；××蝶变，见证千亿园区崛起；产业+人才汇聚，点燃××等。

地产圈发声则是借助行业大V、地产报道等对比区域发展，解读区域未来的发展潜力。比如××城市扩张，××板块价值凸显；剑指"××千亿园区"，打造宜居新城；推进现代新城建设，未来打造宜居高地等。

项目自媒体发声主要利用项目朋友圈、官微、视频号、抖音号等，采取软文、视频、宫格、单图等形式炒作区域价值，并解读区域发展。比如以品牌与区域共生长为主题，强调当地区域发展。

二、品牌发布会梳理价值

项目亮相推广活动是环环相扣的，第一环借助展厅亮相、人海战术、媒体发声引爆市场后，紧接着需要对这批客户进行强势价值灌输，因此，一般在项目亮相后半个月到一个月左右会举办品牌发布会。

品牌发布会当天大量前期积累的客户聚集，现场制造富有品质的氛围体验活动，邀请媒体名人站台，对项目的品牌价值、区域价值、交通价值、配套价值、产业价值、产品价值等进行系统化梳理，让项目在客户心中形成独特的传播符号，在后续阶段推广中一以贯之并对产品做出较为明确的定义。

三、销售中心开放

为了开盘前持续在市场发声,需要不断制造爆点,在客户心中形成记忆点。在品牌发布会后锁定客群,紧接着需要对其进行海量的电 CALL 客户邀请参加销售中心开放活动,活动一般在品牌发布会后一周左右正式开放。开放前三天每天在朋友圈发布销售中心开放倒计时刷屏稿,并发布系类景观价值刷屏稿,解读景观示范区的园林景观价值。

开放当天为了现场人气的不断聚集,会借助多种渠道进行客户输送,主要采取内部海量电 CALL 邀约结合外部各展厅展点渠道拓客拉访的形式。另外,会通过大客户拓展、资源嫁接的方式嫁接城市的商会、协会、俱乐部、培训机构等带来大批看房客户,以及借助主流房产媒体带看房团参加,现场还会组织一些高人气、高热度的活动营造氛围以吸引客户参与。

需要注意的是,为了确保项目的导视,需要对项目阵地进行包装,一般会将项目周边完全用项目信息覆盖,比如项目的围挡、转角大盘、道旗、灯杆旗、价值桁架、导视桁架、展板等。这样做是确保客户来到项目周边,就能直接找到今日项目的地盘。

四、开盘前强推期

销售中心开放后,到开盘前近半个月的强推期,会不断进行线上线下发声炒作,主要释放开盘的信息,对产品卖点进行持续炒作。案场需要以活动为主线,贯穿线上线下有力导客,进行客户项目价值传递。

案场每天举办暖场活动,并推出价值系列讲座活动,线上借助新媒体、自媒体等渠道不断发声,输出项目价值点及释放开盘信息,朋友圈每天持续输出系列价值稿;线下各大展厅展点同步输出,不断为项目导入客流。

除了以上四个关键节点外,在亮相推广期还有很重要的一环,就是户外广告的覆盖。一般在亮相期,会对区域内主流商圈、主要高架、公交站台等进行广告全覆盖投放,渠道人员还会进行大客户拓展,与区域周边的所有商家合作,在其店内张贴广告、摆放易拉宝、纸巾盒等物料。

第七章
房地产项目开盘前准备

第一节　海量蓄客

项目为了确保开盘去化，在取得商品房预售许可证后进行海量蓄客。一般开发商都有自己的一套完整的客储体系，即一级客储、二级客储、三级客储。根据客储转化率推算，一级客储量约等于30倍的开盘目标套数，二级客储量约等于10倍开盘目标套数，三级客储量约等于2.5倍开盘目标套数。因此在蓄客期，会进行一级到二级再到三级客储的层层筛选转化，并通过客储体系对销售情况进行预判，以此为依据及时调整销售策略。

海量蓄客即是一级客储蓄客，在进行蓄客时，只有将一级客储最大化才能保证后续的二级和三级客储量。因此，在蓄客前期，需要通过线上线下多渠道全覆盖扩大项目一级蓄客池。

一、线上蓄客渠道

线上渠道主要利用线上媒体进行炒作，将品牌信息与项目信息稿交替，报广与网络并行反复强调，高调占位以声势浩大的事件活动吸引客户，打造产品形象的同时充分蓄客。

（1）网站：一般会选择房地产家居行业专业网络平台投放项目广告。

（2）社交媒体：利用新媒体推广，扩大环域影响力及客户知晓半径，新媒体推广渠道一般包括微信、微博等，用软文、娱乐化传播等方式为项目实力背书。

（3）自媒体：房产大V软文炒作、微信/朋友圈刷屏、微信朋友圈通栏广告位、H5楼书、微信单、抖音短视频（网红自拍、项目形象宣传片、跑盘）、快手直播（活动、样板房、高端品鉴会、网红）。

二、线下蓄客渠道

线下蓄客渠道主要包括线下的阵地包装、户外广告投放、渠道摆展、竞品拦截、行销派单、专业市场拓展、客户活动场所拓展、老业主拓展、公司内部宣讲联动、冠名活动、全民营销等。

（1）阵地包装：主要通过形象墙、交通导视牌及桁架、售楼部展示、样板房展示、暖场活动等对项目进行视觉包装覆盖，借此提升项目的调性和品质，吸引路过的客户参观。

（2）户外广告投放：主要针对区域内城市主干道蓝白旗、灯杆旗、公交站台广告、高架广告大牌、商圈LED电子屏、电梯框架、社区道闸、地铁广告、项目围挡、地下车库等进行覆盖式广告投放，提高项目曝光率，以此增加项目来电咨询量。另外，还可以借助广告车在城市来回穿梭增加曝光度。有的项目还会与出租车或者私家车合作，通过贴车贴领豪礼的活动，吸引大量车主贴项目的宣传广告，达到宣传目的。

（3）渠道摆展：根据项目的客群定位制作拓客作战地图，划定主要商圈、社区、菜市场、加油站等区域摆展留电，一个展位配置两名置业顾问和数十名拓客员，拓客员将客户拉至展位了解项目并登记留电。

（4）竞品拦截：在前期划定的竞品项目拦截客户，获取客户信息，以这种方式获取的客户相对比较精准，但是也容易被竞品项目驱赶。

（5）行销派单：围绕项目周边的幼儿园及中小学校、小区、商超及街道拦截客户，在企事业单位插车派单等。

（6）专业市场拓展：针对产业园、企事业单位、工业园、家具城、各大商会、俱乐部、酒店等专业市场进行宣传，一般需要找准关键人物开辟宣讲渠道，借此宣讲项目信息并留电登记。

（7）客户活动场所拓展：与餐饮商家、健身会所、美容机构、养生馆、少儿早教机构、婚纱摄影机构等客户可能会活动的场所进行合作，摆放项目资料达到宣传目的；在地铁口、公交车站等人流集中的高峰期派发早餐等；在交通路口遮阳伞植入广告。

（8）老业主拓展：在已交楼的项目前摆放桁架，联动物业部门在业主群发布项目信息，邀请老带新。

（9）公司内部宣讲联动：为公司内部员工及合作的供应商、合作商举办宣讲会，比如邀请各案场管理人员及合作的中介机构、代理公司员工至现场宣讲区域及本案价值，进行转介及联动。

（10）冠名活动：通过冠名举办各类活动，为项目贴上高端化、精英化标签，比如茶友会、企业家协会、红酒协会、商会、金融类圈层讲座、高尔夫邀请赛等。

（11）全民营销：通过一、二手房销售联动、业内人脉挖掘、老业主推介以及周边商户联动，开展全民营销，成交可赚取一定比例的佣金。

三、拓展物料

蓄客期，为了配合渠道拓展，策划人员需要为渠道外展提供充足的物料支持。物料主要包括巡展物料、礼品、拓客道具等。

（1）巡展物料：展台、折页、DM单页、户型图、门型展架、折叠桌椅、抽奖箱、纸巾盒、环保袋、牙签筒、留电登记表、礼品登记表、×展架、手提袋。

（2）礼品：如数据线、飞盘扇、马克杯、笔记本、早餐、小风扇、剃须刀、充电宝、加油卡等。

（3）拓客道具：手举牌、临时停车挂牌（正面印制临时停车信息，背面印制项目信息，附唯一编码，客户凭该停车牌及编码来访可获赠免费洗车券或者加油卡，主要在商超、写字楼、道路两侧写字楼停车场进行派发）、定制地铁卡（放大项目交通价值，促使项目信息快速传播）。

第二节　筛选意向客户

项目在取得商品房预售许可证并全面亮相后，就会开启大规模蓄客工作。在蓄客后，会针对前期的客户进行筛选，得到与项目定位匹配的精准客群后，需要团队锁定意向客户，与意向客户持续保持联系，直至行成销售转化。

一、项目亮相期

项目亮相期，也就是项目出街的初期阶段，这个阶段项目已经取得商品房预售资格证后，销售中心还没有开放，距离开盘还有一段时间，客户主要通过各个外展厅和网络等渠道了解项目信息。

亮相期一般会进行客户意向登记，意向登记表需要提前准备好，主要登记客户的联系方式、居住区域、工作区域、购房目的、期望住房面积、家庭结构、购房预算、关注点、置业套数等信息。登记这些信息的目的之一是方便项目后面品牌发布会、开放售房部或者样板房开放等活动的电话邀约。另外，需要通过登记表统计分析项目的客户情况，比如根据客户的居住区域和工作区域，就可以大致判断项目的主力客群来自哪儿，及时调整项目的广告投放和拓客作战线路，达到精准投放的目的。

这一批初始登记客户是很多开发商所称的"大客储"，客户并不精细化，大部分客户意向度还确定不了，资金实力、购买周期、购房区域选择等都不明确，需要经过后续节点的筛选，如表7-1所示。在取得商品房预售资格证后，有的开发商为了提高锁客率及转化率，会制作一些邀请函或者VIP卡物料发放，并且每张卡上有特定的编号，通过这个邀请函或者VIP卡可以参加项目的品牌发布会，还有些项目会结合项目的特定价值点制作相应的物料卡，比如地铁口的项目会制作地铁卡，学校旁的项目会选择做学生证、毕业证等物料。总之，要结合项目的价值点来制作相关的物料。

表7-1 客户意向登记表

序号	姓名	联系方式	居住区域	工作区域	购房目的	购房预算	关注点	家庭结构	置业套数	关注面积	备注
1	—	—	—	—	—	—	—	—	—	—	—
2	—	—	—	—	—	—	—	—	—	—	—
3	—	—	—	—	—	—	—	—	—	—	—
4	—	—	—	—	—	—	—	—	—	—	—
5	—	—	—	—	—	—	—	—	—	—	—
6	—	—	—	—	—	—	—	—	—	—	—
7	—	—	—	—	—	—	—	—	—	—	—
8	—	—	—	—	—	—	—	—	—	—	—

续表

序号	姓名	联系方式	居住区域	工作区域	购房目的	购房预算	关注点	家庭结构	置业套数	关注面积	备注
9	—	—	—	—	—	—	—	—	—	—	—
10	—	—	—	—	—	—	—	—	—	—	—
11	—	—	—	—	—	—	—	—	—	—	—
12	—	—	—	—	—	—	—	—	—	—	—
13	—	—	—	—	—	—	—	—	—	—	—
14	—	—	—	—	—	—	—	—	—	—	—
15	—	—	—	—	—	—	—	—	—	—	—
16	—	—	—	—	—	—	—	—	—	—	—
17	—	—	—	—	—	—	—	—	—	—	—

二、品牌发布会后锁客动作

品牌发布会的目的就是对前期积累的大客储进行第一轮洗客。发布会前两天进行集中电话邀约，邀约3000组左右的客户至发布会现场参观，发布会现场通过震撼的视觉和听觉氛围营造、价值点梳理、媒体名人站台、公司负责人坐阵，外加主流媒体全网直播，对这批客户进行深度洗礼，并且拔高项目调性，为项目定价和客户转化做准备。

三、营销中心开放后锁客动作

营销中心开放前一周，销售团队、拓客团队以及CALL客团队需要对所有的意向登记客户、项目亮相以来搜集到的所有客户资源进行集中电话邀约，确保营销中心开放当天现场人气爆棚，以此拔高项目调性，提高到访客户的信心。一般营销中心的成功开放至少要保证当天到访量达到千组以上，当然，根据营销中心的大小，数量上下有浮动，不过，当客户在销售中心感到拥挤时，营销中心的开放就成功了80%。

第三节 项目客户分析及策略调整

项目蓄客后，需要不断地对客户进行多维度分析，根据项目的客户情况及时调整营销策略，确保项目开盘转化率。项目客户分析主要包括来电来访客户分析、排卡客户分析以及未排卡客户原因分析。

一、来电来访客户分析

项目来电来访客户分析，主要是通过统计日均来电来访量及来电来访总量分析项目来电来访的各渠道占比，根据渠道占比及时调整投放策略，确保精准投放。

一般项目的来电途径主要是项目的广告投放，比如线上渠道如百度、安居客、房天下、新闻网等，线下户外大牌、商圈LED大屏、电梯轿厢等，客户一般会从看到的这些广告中获取项目信息，进而打电话咨询。在项目蓄客期需要不断监控来电渠道，及时调整投放方向，才能达到推广费用的高效使用，如表7-2所示。

表7-2 项目来电登记表

序号	姓名	电话	关注面积	来电途径	约访时间	备注
1	—	—	—	—	—	—
2	—	—	—	—	—	—
3	—	—	—	—	—	—
4	—	—	—	—	—	—
5	—	—	—	—	—	—

营销中心开放后，需要对每天的来访客户进行分析统计，因为客户已

经到访，所以统计的维度会更全面，包括客户关注面积、来访区域、工作区域、年龄段、职业、资金预算、置业次数、项目抗性、来访渠道、项目认可点等多方面的信息，如表7-3所示，这些信息需要置业顾问接待完客户后进行统计并分析。通过对到访客户各维度分析，大致可以确定项目来访的各区域占比、各年龄段占比、工作行业占比、项目主要抗性、来访渠道占比等情况，根据这些占比信息，策划人员在推广策略调整时可以以此为侧重点进行投放，渠道人员也可以在客户主要来访区域进行重点拦截。

其中，对来访客户抗性的分析，为了发现问题并解决问题。销售人员晚上需要一起开会分析当天接待客户的情况，根据接待客户的抗性，大家一起讨论解决方案，头脑风暴拟定抗性说辞，以便后面再遇到此类抗性问题时可以及时解决。除了分析客户的抗性外，还需要总结客户对项目的认可点，策划人员可以根据客户的认可点在推广中重点突出项目的这些价值点。

表7-3 来访登记表

序号	姓名	电话	关注面积	来访区域	工作区域	年龄段	职业	来访渠道	客户抗性	置业预算	置业次数
1	—	—	—	—	—	—	—	—	—	—	—
2	—	—	—	—	—	—	—	—	—	—	—
3	—	—	—	—	—	—	—	—	—	—	—
4	—	—	—	—	—	—	—	—	—	—	—
5	—	—	—	—	—	—	—	—	—	—	—

二、客户房源引导

一般一个项目首开的房源里，会因为户型面积、楼栋、楼层、朝向、楼间距、景观等因素影响客户的选择，而操盘的最终目的是要达到房源的最大去化，如果所有客户都选择好位置、好户型、好楼层，势必会有一些不好的房源剩下，从而影响去化率，这就需要在开盘前对客户进行房源引导。房源引导主要从楼间距、朝向、楼层、户型面积、临路这几个维度思考。

（1）楼间距：大部分客户会选择楼间距大的楼栋，而楼间距小的楼栋要想去化，则需要团队头脑风暴如何弱化楼间距小的抗性。比如在设计规划时，政府对每一户的采光都是有要求的，不用担心采光问题，也可以包装楼间距小的这栋楼的其他突出优势，比如价格更便宜。

（2）朝向：户型的朝向有东、南、西、北、东北、东南、西北、西南八种，有些客户买房时对朝向比较敏感。比如明确要买朝南的，或者朝东的房子，在进行房源引导时，就需要团队提炼出项目各个朝向的优劣势，弱化客户对朝向的抗性。

（3）楼层：一般一栋楼的中高层是比较畅销的，但有些特殊楼层比较难去化。比如一层、顶层、底楼层、高楼层、腰线层、4层、8层、18层以及设备层等楼层，客户的顾虑会比较多，底楼层主要担心采光问题，顶层和高楼层担心二次供水、温度高、漏水等问题，腰线层和设备层担心有不利影响，4、8、18这些数字觉得不吉利。对于楼层的抗性也需要形成统一的话术，比如这些楼层并不是像他们所担心的那样，又或者这些楼层出租的租金以及二手出售时和其他楼层没有区别，但是在买的时候却比其他楼层便宜很多，更具投资价值，借此弱化客户的抗性，增加客户选房时的楼层范围。

（4）户型面积：项目的户型一般分为小、中等和大户型三种，通常来讲，户型越小越畅销，但是为了整盘去化，不能只卖小户型。因此在房源引导上，需要根据客户的价格预期尽量将其户型选择向上拔，比如小户型和中等户型，就可以给客户分析两者的总价价差和首付价差，告诉客户其实首付差价并不大，买个大的多一居更适用，买小的后期置换比较麻烦。

（5）临路：临路的房源也是大部分客户的排斥房源之一，客户不选择临路的房子主要是因为噪声和灰尘。在房源引导上，可以拟写噪声抗性说辞，弱化临路的缺点，强化其优点。

对项目的客户进行分析并及时调整营销策略，对于项目的开盘转化率以及项目后期的销售有至关重要的作用。客户分析过程中，不管是策划方还是渠道、销售方都需要积极配合，销售和渠道团队要确保客户信息填写的完整度和准确度，策划团队要认真分析客户的情况，采取对应的调整策略及解决方案，团队协调作战以确保全盘去化率。

第四节　项目价格测试及定价逻辑

项目在开盘前，需要对项目的开盘价格进行测试并制定一房一价表，大部分开发商其实在进行成本测算时已经有了明确的价格目标，即项目想要获得多大利润，全盘均价至少要卖多少钱。但是为了保证项目的去化，在均价既定的情况下，仍需要对价格进行测试，并且根据每户价格的楼栋、楼层、位置、户型等因素作出价格调整。

一般对价格测试及一房一价制定采取四个步骤：分析楼栋价值、测试客户价格接受度、定价调整逻辑、构建付款方式和折扣体系。

一、楼栋价值分析

一个项目一般都有十几栋楼，假定全盘均价为1万元，如果每栋楼全部卖一样的价格，大部分客户必定会选择位置、景观、采光、视野都好的那栋楼，还有部分客户接受不了一万元的价格，这样就不可避免地损失大量客户。因此，在定价的时候，需要分析每栋楼甚至每套房子的优劣势，再进行价格调整，比如位置好的单价可以拉高，位置差的单价可以降低，这样对于价格接受度高的客户就可以选择位置好的户型，而对价格敏感的客户就可以选择位置稍差的楼栋。

定价的前提就是分析每栋楼的优劣势，范围包括朝向、楼间距、采光、景观、日照、视野、离出入口距离、是否临路、不利因素等各个方面，分析清楚后对每栋楼进行横向对比，并对每栋楼的价值点进行排序。

另外，一个项目一般不只有一种产品业态或者面积，大部分项目都是多业态、多面积组合分布。因此，在进行定价前的价值分析时，还需要综合考虑不同产品业态的优劣势，比如某个小区有高层、洋房、别墅三种产品，那就需要对这三种产品的优劣势进行分析，并且需要根据价格测试分析每种产品的选择群体大概有多少。

二、价格测试

价格测试主要是测试项目诚意客户对项目价格的接受程度，一般在开盘前进行多轮价格测试，以便了解意向客户的价格接受度并对整盘价格进行及时调整，确保开盘去化率。价格测试主要有问卷、访谈、价格口径释放三种方式。

（1）问卷：在对诚意客户进行升级锁客的时候，在诚意客户信息登记表中，以问卷的形式设置客户意向房号及价格接受度，并且对应不同的产品，对客户价格接受程度进行初步统计。

（2）访谈：对诚意客户进行深入访谈，了解他们对竞品项目和本项目的价格接受程度。除了本项目的客户，还需要选取竞品项目的客户进行访谈，最终得出结论，进行价格预判。

价格测试的最终目的是预判客户的价格接受程度，因此在作测试时，务必保证测试的准确度，更需要深入分析客户的价格接受度及心理价格预期，确保开盘转化率。

三、定价调整逻辑

项目定价主要先看全盘定价是多少，全盘定价一般在财务前期进行成本测算的时候，就已经有了一个大概的销售价格指标，而项目在进行定价的时候主要目的有两个，其一是保利润，其二是进行价差调整确保全盘去化。

保利润就是项目要获得多大的利润，就必须卖多少元一平方米，有的项目会追求高利润，有的项目追求高去化，视不同情况而定。但不管追求哪方面，都需要落实到价差调整这个问题上，对房源的价差调整主要根据产品业态、产品位置、产品附加值、产品本身素质几个方面综合考虑。

（1）产品业态：常见的产品业态有别墅、洋房、高层三种，不同业态定差价的逻辑也不同，在定价时，要思考哪种业态需要保利润，哪种业态需要走量，哪种业态可以留着慢慢去化。一般情况下，高层主要是走量，价格不能定太高，洋房需要保利润，比高层价格适度高一些，别墅一般占比不大，而且别墅客户一般关注更多的是项目品质、圈层、物业等多维度的价值，对价格的关注度相对较低，所以在定价上可以适当拉高。

（2）产品位置：产品位置包括产品的楼栋位置、楼层位置、横向位置三个方面。楼栋位置主要根据楼栋价值排序确定每栋楼的单价差，比如楼王位置就可以定高价贡献溢价，高出的溢价可以把位置最差最不好卖的楼栋单价拉到最低，扩大客户价格选择区间；楼层位置根据房源所处的楼层定差价，一般高层的楼层定价主要受采光影响，中间层定价比较高，顶底层定价低，楼层的差价一般在 50~100 元/平方米，高层除了楼层高低外，还有几个非常难卖的楼层，这几层在定价的时候也需要特殊考虑，但是不能把这几层价格做到无限低，会让客户在心理上认为这几层是有问题的，只能价格稍微低一点。横向位置，即这一户房源在这一层所处的位置，是东边户、西边户还是中间户，常规情况下，边户因为采光更好，定价会高于中间户，而西户因为有西晒的问题，价格相对于东户来讲也要低一些。

（3）产品附加值：产品附加值即房源的花园、露台、阳台等额外赠送，一般洋房的一楼带花园，顶层带露台或者顶层是跃层，所以定价相对其他楼层会高一些。有的楼层额外带露台、阳台，定价上也要做考量。别墅一般端头的花园相对于中间的花园更大，并且更有独门独院的感觉，定价也会比中间户价格高。

（4）产品本身素质：房源有没有挡光、是不是腰线层、有没有对角线、背后有没有消防连廊、是不是处在设备层这些自身素质问题对价格也有影响，在定价时这些房源的价格也需要适度拉低。

第八章
房地产项目开盘策划

第一节　选房方式

一、直接开盘排队选房方式

直接开盘选房即项目在取得商品房预售许可证后，后文简称预售证，在指定的时间、地点进行开盘销售。客户在指定时间到开盘现场排队，根据客户排队先后顺序，分批次进入选房区选房，一般每批次进场5~10人，由置业顾问协助选房，选中房源后，销控人员销控房号，客户现场缴纳定金并签订《认购协议书》。

直接开盘排队选房是最原始的选房方式，对于购房者来说程序比较简单，并且客户一次性集中到现场可以聚集人气便于现场热销氛围逼定。但是客户排队的这种方式，拉长了选房等待时间，现场容易混乱，有些客户可能不愿继续排队等待下去，容易造成客户的流失。因此，这种直接开盘排队选房的方式比较适用于客户量不大、开盘的房源不多的情况，比如持销期加推一栋楼或者加推部分房源时可以采取这种选房方式。

二、摇号开盘选房方式

摇号开盘选房即在项目取得预售证后，在公证人员的监督下进行电脑摇号，客户以摇号顺序进入选房区选房，每批选房人数依据客户基数及推售房源量而定，一般每批10~15人。客户进入选房区后现场撕销控贴选定房源，由销售人员带领至销控区销控房源，再到财务区签订《认购协议书》。

摇号选房可以最大程度地蓄积客户到现场，因为摇号的选房顺序主要看个人运气，相对于排队和排号选房，可以减少客户的疑虑心理，而且摇号选房会请公证人员到现场公证，可以保障摇号过程和登记过程全都公开透明，更能树立项目公开、公正的社会形象，增强客户对项目的信任度。

但是摇号选房相对于其他选房方式需要投入的人力物力成本更高，准备时间也更长，一般需要提前选好可以同时容纳较多人的场地，进行场地包装布置，另外还需要调配各个岗位大量人员到现场支援开盘，对控场力的要求也更高。

摇号开盘是当前市场上使用频率较高的开盘模式，一般适用于品牌开发商和开发热点区域的项目或者较大的刚需、综合体楼盘首开使用。

三、网络开盘选房方式

网络选房主要是项目取得预售证后将房源上传到公众号或者小程序等网络端口，客户通过信息登记获取登录账号然后在网上进行选房。

客户填写"购房资格信息确认表"，其中购房者的身份证信息、联系方式、付款方式等信息须保证无误，并亲自签字确认，购房资格以最终政府审批为准。开发商根据客户填写的购房资格信息确认表上的购房人信息进行网络选房账号的确认，并以短信的形式告知客户选房登录账号信息。客户需以标准短信回复确认无误后登录相应的网络选房小程序或者公众号平台熟悉选房流程，正式选房活动开始后进行选房操作。选房成功后，凭选房成功的短信在约定时间内到项目办理购房相关手续。

开盘前一周需要梳理购房客户信息表，开盘前需要完成搭建网络开盘平台（包括开盘流程、相关说明和房源导入等），开盘前预售证等证件审批完成（五证、网络选房相关文件到位），开盘前一周确定开盘价格表终稿（集团确定价格和开盘方案）。

网络选房也是比较常用的选房方式。网络选房主要拼网速和手速，操作简单，不需要客户到现场就可以直接选房，减少了人员大量聚集而可能产生的混乱问题，对开发商来说，不需要花大量时间、人力、物力去准备开盘，但是因为客户在家里自行选房，缺少了人气聚集的紧张氛围，也没有销售人员直接逼定，不可避免地可能造成一部分客户的流失。

四、VIP预约制开盘选房方式

VIP预约制开盘即项目取得预售证后，根据客户购买规模，进行大客优选，这种选房顺序主要是根据销售摸查客户规模，依次约客户到开盘地点洽谈，进行一对一接待服务。

VIP预约制开盘，主要适用于比较大的资产，比如写字楼、独栋别墅、豪宅等，针对的客群一般是资产实力较强的客户，采取这种开盘模式可以保证大客户的私密信息及优化接待体验。

第二节　开盘场地布置及重点筹备工作

常规来讲，项目如果是首次大开盘，一般会选择集中场地摇号选房。因此，本节主要介绍集中摇号选房筹备开盘事项。一般集中摇号开盘前需要提前选择好开盘场地并进行场地包装布置和氛围点缀，同时需要工作人员提前准备好开盘相关物料。

一、开盘场地选择

大部分开发商在选择开盘场地时首选项目售楼处，但是有的售楼处比较小没办法同时容纳那么多人，又或者售房部处于郊区通达度不好等，开发商需要选取其他场地举办开盘盛典。

开盘的场地选择主要从场地大小、通达度、距项目距离、泊车数量等方面作考量。

（1）场地大小：一般集中性的大开盘，会推出几百上千套房源，蓄客数量一般是房源的两倍，相当于场地需要同时容纳上千人，对于场地的容量要求是比较高。而且开盘场地除了嘉宾区外，还要设置签到区、等候区、候选区、舞台区、选房区、销控区等分区，因此场地需要选择较大的区域。常见的开盘场地有酒店宴会厅、厂房、体育馆、会展中心、音乐厅等，需要注意的是，一般在开盘前15天左右就需要与这些场地负责人预约，避免临到开盘还没解决场地问题。

（2）通达度：开盘当天到现场的人比较多，选择场地时一定要考虑交通通达度问题，最好是选择公交或者地铁能直达的场地，避免客户临时因交通问题放弃选房。针对自驾群体，也需要提前研究好各区到开盘场地的开车路线，让销售人员告知客户。

（3）距项目距离：客户因为多次到访售房部，对售房部路线比较熟悉，并且很多客户在选房前习惯性到售房部再次参观以确认自己想要选的位置和房源。因此，在选择开盘场地时，尽量选择距离项目较近的场地，客户到达售房部后，售房部可以通过导视牌告知客户到达开盘场地的路线，而且选择在距离项目较近的场地，如果临时缺少物资等也更好协调。

二、开盘场地功能分区

开盘场地一般需要设置签到区、嘉宾等候区、舞台区、中签确认区、选房等候区、选房区、冷静区、打单区、财务区、复核区、礼品领取区等分区。

（1）签到区：签到区一般设置在开盘的入口处。

（2）嘉宾等候区：即开盘主场地，嘉宾等候区布置了千把宴会椅，前方是舞台区，嘉宾等候区的两侧通道公示了《购房须知》《购房指引》《购房风险提示》等购房相关事宜桁架，客户在等候选房的过程中可以了解这些信息。

（3）舞台区：舞台区的背景为电子大屏幕，用于播放项目宣传片以及滚动摇号，舞台区中间为贵宾致辞台，开盘时主要用于开发商领导讲话以及公证处公证人讲话，舞台两侧放置工具以及舞台常用设备。

（4）中签确认区：中签确认区设置在舞台区旁边，场地不大，摇号摇中的客户凭借身份证及臂贴在中签确认区核对号码是否正确，随后进入选房等候区。

（5）选房等候区：选房等候区在选房区的入口处，主要是一个可容纳20人左右的小通道，客户中签后在等候区等待上一轮客户选完后进入选房区选房。

（6）选房区：选房区主要是一房一价表，用桁架展示，每一户用销控贴贴着，每张销控贴上写有房号、面积、单价、总价等信息。选房区除了销控桁架外，需要留有一定的空间容纳选房人以及现场的工作人员，但是空间不能太大，因为太大了不适合产生挤压效应。

（7）冷静区：冷静区是设置在选房区旁边的一个小空间，一般开盘采取三分钟选房法，在选房区超时未选房或者放弃选房的犹豫客户，销售人员可以将其拉到冷静区进行劝说。

（8）打单区：打单区和财务区、复核区在同一区域，打单区需要布置多台打印机，方便现场打单。

（9）财务区：现场撕销控贴成功选房后，客户凭"房号确认单"办理认购手续，签署"认购书"。

（10）复核区：客户凭房号确认单、定金收据、身份证到复核区审核资料并复核确认。

（11）礼品领取区：客户签完认购书后，到礼品领取区领取认购礼包即可离开场地。

在设置分区时，需要注意各个分区应独立，每个区需要做到视觉隔断，只做单一流程办理，并且所有的分区不可逆行，客户只能从入口区进入，从出口区离开。并且客户的动线只能按照规定的流程动线走，不能返回上一个分区。

三、开盘包装氛围点缀

为了营造开盘氛围，调动客户购买情绪，需要对开盘现场的包装进行氛围点缀。开盘包装氛围点缀主要通过开盘主色调、画面设计、文案、DP点、细微元素等进行。

开盘的主色调一般选取红色和蓝色，红色比较彰显喜庆的氛围，蓝色比较典雅，适用于高端楼盘，当然，有些楼盘开盘主色调也会选择本项目的 VI 主色调，视情况而定。在开盘主色调确认后，开盘的指示牌、桁架、DP点、细节元素都以主色调进行延展，氛围包装建议如表 8-1 所示。

表8-1　氛围包装建议

区域	包装建议
入口外3千米内	设置开盘场地导视牌/导视桁架/小蜜蜂手举牌等
入口区	质感鲜花花柱、红毯、气拱
签到区	质感鲜花花柱、红毯
嘉宾等候区	蝴蝶结宴会椅、红毯
舞台区	花艺摆台、讲台花艺、红毯

续表

区域	包装建议
中签确认区	花艺护栏、红毯
选房等候区	花艺护栏、红毯
选房区	红色销控桁架、红毯
冷静区	花艺护栏、红毯
打单区/财务区/复核区	桌布、精致桌花、红毯
礼品领取区	礼品堆头、红毯
其他点缀元素	看板、空飘、公示、铁马、地贴
停车区	花艺护栏、铁马

四、开盘物料准备

开盘的物料包括需要现场公示物料、签约物料、销售物料、宣传物料、设备物料、文具物料、餐饮物料、其他物料等。

（1）公示物料：政府销售许可文件、五证、物业前期服务公示、交标、认购流程、规则、注意事项的印刷品或看板。

（2）签约物料：认购书、合同等统一文本。

（3）销售物料：模型、洽谈桌椅、服务台、销控板等。

（4）宣传资料：楼书、宣传单张、户型图等。

（5）设备物料：电脑、打印机、复印机、验钞机、POS机、话筒、明源信息录入调试等。

（6）文具物料：纸、笔、销控不干胶、电池、激光笔、计算器等。

（7）餐饮物料：为客户及工作人员准备的各类食品和饮料等。

（8）宣传物料：气拱、空飘、楼梯包装、导视、看板、公示等。

（9）其他物料：功能区提示牌。

开盘前涉及的准备物资较多且较杂，在开盘前需要拟定开盘物料清单，分别对应每个分区需要准备的物料，在开盘前再统一核对物料是否准备齐全。

第三节 开盘流程及人员安排

项目获取预售证后，策划团队需要联系活动公司出具开盘庆典方案，方案需要详细列出当天的活动流程、各个流程分区涉及的工作人员及岗位职责。

一、开盘前客户提醒事项

在确定开盘时间及地点后，销售团队需要电话通知客户，提醒客户开盘需要注意的事项。

（1）开盘前2天，与客户确认来访时间，确保客户当天到访。

（2）认购所需证件：客户身份证、银行卡等。

（3）不能到场的需携带委托书及客户身份证原件。

（4）开盘前1天，与客户确认来访时间，确保客户当天到访。

二、开盘活动流程

开盘活动一般会找专业的活动公司或者包装公司来组织，选好开盘场地后，活动公司或者包装公司需要提前对场地进行勘查，写活动方案，中标后提前布置现场并准备活动物料。

一般开盘活动除了现场浓重的包装氛围外，还需要对整个活动的流程进行把控，每个时间段做什么，舞台区如何营造氛围，如何保证现场秩序，这些都是需要考虑的具体开盘活动流程表如表8-2所示。

表8-2 项目开盘活动流程表

时间	时长	内容	备注
迎宾签到（8:30~10:00）			
8:30	90分钟	迎宾开始	礼仪人员到位，礼仪服务开始
8:30~10:00		签到、领取臂贴、舞台宣传片互动	VIP客户入场，新客户咨询点接待
10:00~10:05	5分钟	音乐开场	演员到位，音响准备/开场，音乐开场
10:10~10:10	5分钟	主持人登台	项目简介，开盘引导
10:10~13:00	180分钟	客户摇号进入购房	客户在工作人员引导下，进入内场选房
10:10~13:00	待定	中场环节	根据现场情况，不定时活跃现场氛围
选房结束（13:00）			
13:00	待定	根据现场选房情况而定	暂定13:00选房活动结束，客户离场

三、开盘人员安排及岗位职责

开盘因为现场人流量较大，场地分区较多，因此每个流程分区都需要指定的工作人员负责相应事项。

一般开盘当天由公司的营销总监负责开盘总指挥工作，项目总监担任副总指挥，项目营销负责人担任开盘现场总执行。另外，场地的每个流程分区都需要配置至少一名负责人负责分区的人员指挥工作具体如表8-3所示。

表8-3 开盘人员安排及岗位职责

分区	人员数量	岗位职责
停车区	保安20人，负责2人	统计场地周边3千米范围内可用停车场，大型闲置场地、道路两侧停泊位数量，确保可满足大小车型3000辆的停放

续表

分区	人员数量	岗位职责
签到区	策划4人，保安32人，保洁2人，销售66人，信息化1人；内勤3人，内业24人	负责签到，臂贴发放，资料检查
嘉宾等候区	负责人3人，销售3人，保安100人，销售7人，销售经理1人	负责现场秩序维护，客户问题解答
舞台区	负责人5人；保安8人，策划2人，技术2人	负责舞台安全、电子屏调控等
中签确认区	负责人6人，保安12人，策划19人，经理1人，审核员2人	负责核对中签信息，维护现场秩序
选房等候区	负责人1人，保安10人	负责维护选房等候区秩序
选房区	负责人9人，保安10人，销售105人，销控32人，喊控主持2人，跟单员100人	负责协助客户在选房区选房、现场氛围营造
冷静区	负责人1人，保安6人，销售10人	负责对未选房有顾虑的客户进行引导
打单区	负责人10人，保安8人，保洁1人，内业24人，技术1人	负责认购资料等的打印
财务区	负责人6人，保安4人，财务10人，分单5人	负责认购书签订、定金单据打印等
复核区	审核员2名	负责认购资料、认购人的姓名、房号、身份证号等审核
礼品领取区	负责人1人，小蜜蜂2人，保安10人	负责认购礼品派发
出口	保安5人	负责出口秩序维护
后勤安保	保安4人，水吧客服6人，工作人员10人	负责现场的食品、饮品等其他后勤工作
水电网络组	工作人员2人，通信车1辆	负责现场的水、电、网等维护
工程组	根据实际情况而定	机电组负责确保开盘当天用电负荷，现场电线电缆的布置及确保正常使用；施工组确保当天各个施工场地停止施工；通信组负责确保网络畅通，通信电缆布置及通信车辆正常运行

续表

分区	人员数量	岗位职责
政府协调组	根据实际情况而定	负责交警、公安、特警、通信、医疗、消防等政府部门的对接工作；负责开盘当天政府工作人员的协调安排
营销解筹组	根据实际情况而定	制订开盘方案；落实开盘场地的布置及各部门对接工作；开盘所需所有物料的设计、制作、安装、发放等相关工作；负责处理客户的相关问题；负责开盘现场相关设备调试、软件安装，确保正常打单
物业组	根据实际情况而定	引导开盘当天到场客户的车辆停放；负责开盘现场相关安保、客服、保洁等工作；负责处理开盘现场突发事件；负责到访客户能量包发放工作；协调工程组维护现场水、电、网络的正常运行；负责看管开盘场地内的相关物料
行政后勤组	根据实际情况而定	负责安排公司工作人员住宿、就餐等相关工作；负责开盘当天工作人员能量包的发放；负责开盘当天人气组安排
检查组	根据实际情况而定	负责检查相关板块工作进度并及时汇报

四、开盘前风险排查

为了避免项目在销售前出现潜在的法律风险，同时加强项目团队成员的法律意识，一般在项目开盘前会进行全套的风险排查。排查内容主要包括以下几方面。

（1）售楼处硬件设施：导识功能完整；接待功能完整，布局合理；证件公示齐全；标准化展示内容齐全，摆放合理。

（2）背景音乐及播放设备准备完毕。

（3）办公设施功能完整，摆放合理。

（4）完成公证：销售现场（售楼处、沙盘、模型、示范单位）经过现场公证。

（5）示范单位：设置风险提示标牌，内容准确，符合风险控制要求。

（6）服务设施功能完整。

（7）示范区：参观通道流畅、干净整洁、路线合理；通道包装合理，示范区域的指示牌、展板、画框、景观绿植等摆放合理。

（8）服务团队名单明确，人员到位。

（9）销售团队组建：销售团队名单确认，人员到位，销售代理公司进场。

（10）销售人员、服务人员上岗培训与考核：完成动线、流程、话术、礼仪、技巧等的培训与考核。

第四节　如何撰写复盘报告

一、项目开盘基本情况

（一）项目概况

主要对项目进行概述，包括项目的简介，配套信息，项目的开发计划、供货盘点等。

（二）项目销售基本情况

描述项目首开的销售均价、认购金额、首开毛利率、利润等情况，分析项目的实际毛利率及销售价格与预期利率的差距，并且分析其中的原因。

二、具体分析

（一）项目定位复盘

对项目的地块位置、周边开发情况作简要说明，描述项目的定位关键词及定位语，并阐述项目作此定位的原因。

（二）产品定位复盘

阐述项目的户型配置，各户型的占比及朝向，阐述户型是什么定位，以及户型毛坯均价和各户型的销售单价。

（三）价格定位复盘

阐述项目价格引导背景以及本次产品线梯度价值排序，并对价格引导的预判与结果进行对比，分析本次价格定位以及价差对结果的导向情况。

（四）首开数据回顾

阐述本项目开盘推售房源情况、开盘去化情况、成交均价，并对比同期竞品开盘的销售情况，分析本案与竞品项目的不同之处。

三、营销操盘复盘

（一）营销节奏回顾

阐述本项目自组建以来的各个营销节点，包括团队组建、入市、蓄客、取证后全面冲量到开盘的所有节点，以及各个节点的推广线、活动线、渠道线动作。

（二）推广复盘

阐述项目开盘前各个节点的推广工作，包括推广主题、推广内容、媒体配合、画面表现、案场包装、物料落地等，并阐述推广的费用及效果。

（三）活动复盘

阐述开盘前组织的各个节点的活动，并说明每场活动的背景、亮点及活动效果。

（四）渠道拓客复盘

阐述渠道拓客的主要方式以及拓客地图。需要说明渠道总人数、人员分工情况、对渠道的任务安排、管理方式以及渠道取得的成果。

（五）包装+品质复盘

说明现场的包装品质落地情况和物业服务品质情况，包装线一般包括销售道具、导视类包装以及案场物料等，案场服务包括保安团队、保洁团队的服务品质情况以及培训情况。在阐述时，需要说明现有情况，并提出未来可以优化改进的点。

（六）团队建设复盘

阐述项目团队组建情况及进场时间，包括策划团队、销售团队、后台团队，说明团队人员来自哪个项目或属于哪家代理公司，以及团队人员经验情况，说明对团队人员是如何进行培训考核的，一般要指出培训类、演练类、考核类、风险把控类具体都做了哪些动作。

（七）弃选和退房

用表格说明弃选或者选房后退房的客户具体情况以及放弃的原因。阐述弃选客户总数，并提出针对弃选客户的挽救方法和后期如何避免出现此类情况。

（八）签约工作复盘

阐述签约资料动线及签约动线，说明签约动线、人员等安排是否合理，现场是否出现问题，资料把控情况等，提出签约工作待改进的建议。

四、沉淀分享

（一）项目开盘工作亮点

阐述自项目成立以来到开盘所有工作中做得比较好的地方，比如传播途径比较合理、找准了目标客群、大大降低了推广成本，又如销售团队快速掌握项目信息，杀客能力强。

在阐述工作亮点时，尽量客观公正地描述，并对具体板块亮点进行深入说明。

（二）反思与改进

阐述自项目成立以来到开盘所有工作中做得不足的地方，并进行反思，提出改进方法。

第九章
房地产项目持销期营销策划

第一节 持销期策略布局

项目首次开盘后，剩余的货源会进入比较漫长的持销阶段，一般根据项目的体量及销售、工程进度不同，持销期时长也不同，有的热销项目可能开盘即售罄，有的项目可能会经历两到三年甚至十年的持销期。持销期需要从开盘总结中找到项目的问题所在，并想办法解决项目存在的问题。

一、持销期策划推广策略布局

策划作为项目总体营销策略的把控者，在持销期的工作需要细化到推广、包装、活动、销售、渠道、现场、市场等各条线。

（一）推广线

在持销期，推广线仍然采取线上线下相结合的方式进行推广，持销期的推广相对于前期会更加常态化，一般为了塑造项目的形象，升级项目的核心价值体系，以阶段性主题输出，常规的以月为单位作推广排期计划表，再根据每周对应调整计划，如表9-1所示。

表9-1 周推广排期表

日期	详细内容	形式	备注
星期一	区域利好	软文/新闻稿	—
星期二	产品价值点	系列稿	—
星期三	产品价值点	系列稿	—
星期四	产品价值点	系列稿	—
星期五	活动前宣/特价房	单图/视频	—

续表

日期	详细内容	形式	备注
星期六	热销	单图/视频/宫格	—
星期日	热销	单图/视频/宫格	—

线上的推广渠道主要包括朋友圈视频等形式、官方公众号、视频号和抖音号、社群等。一般常规化进行每周一固定发区域的利好新闻，周二至周四发项目的价值系列稿，把项目的每个价值细化，每周固定刷一个价值点，深化项目的价值，周五为了增加周末现场到访量，一般会进行周末活动的前宣，以及通过特价房的形式吸引客户周末到访，周末两天主要是对现场热销氛围的宣传，一般以热销稿、人气稿、现场人气视频为主，如表9-2所示。

表9-2　常态化推广渠道及形式

常态化推广渠道	形式
朋友圈	单图/价值系列稿/宫格/新闻稿/热销稿/长图/视频/链接/人气稿
视频号/抖音号	项目价值宣传片、活动宣传片、置业顾问卖房日常、售楼部搞笑日常、物业宣传片
官方公众号	区域利好、项目价值点、物业故事、活动宣发
社群	抢红包、项目社群活动、转发集赞领礼品活动
其他	微博、小红书、贴吧等渠道

（二）包装线

包装线，主要是对项目展示面的提升以及案场氛围的营造，一般项目展示面的提升主要是增强案场的昭示性，让途经项目的人行和车行客户能够第一眼定位到项目，增加过路客到访量。对案场昭示性的包装，常见的有包装楼体发光字、营销中心发光字、夜间亮化装置、DP点等，以此强化案场外的氛围和昭示力度，无论昼夜，都可以强力吸引客户。案场的包装一般是通过增加现场的价值展板、设置礼品堆头、金蛋区、红包墙等来

121

提升来访成交的氛围。

除了常规化的包装，一般包装线还应根据项目阶段节点更换案场的包装，比如春夏秋冬四季包装、金三银四、金九银十、圣诞、元旦、新春包装。有的项目举办大型的主题活动，则要根据具体活动调整现场的包装。

（三）活动线

活动线主要是案场活动的组织，持销期一般根据项目销售节点举办不同的活动，常规一个项目一个月举办一次比较大的主题性活动，每周举办一次暖场活动。另外，针对项目的不同群体可以组织有针对性的活动，比如针对业主举办业主生日会、针对分销可以举办表彰大会。在工作日项目到访量较少的情况下，也可以组织一些现场氛围活动，如表9-3所示。

表9-3　案场活动分类

主题活动	大型节假日主题活动、亲子主题、运动主题、季节主题活动等
暖场活动	DIY活动、茶歇等
专场活动	业主生日月、分销表彰大会、员工活动、圈层活动等
日常活动	游园打卡、集赞、贴车贴换好礼、抽奖
其他	到访礼、成交礼

（四）销售线

销售线策划在持销期的工作主要包括盘客户、撰写销售说辞、为销售提供道具支持、关注市场动态四个方面。销售线的策划一定要了解项目的客户情况，因此最好的方法是每天参加销售同事的早晚会，和销售人员一起盘客户，分析客户的抗性是什么，并撰写项目抗性话术。

另外，随时关注销售情况，咨询销售人员现场可以制作什么物料或者配合什么活动助力销售，比如现场增设价值展板，土拍集中的区域增设周边土拍信息展板或者市场政策利好的展板,这些都是比较好的销售道具。此外,销售的形象照、名片、文件夹等也需要多关注并及时补充。

销售线策划还应该积极关注市场动态,每周监控市场动态形成市场报告及时给销售人员作培训,并了解竞品项目最近有哪些优惠活动、案场活动等,及时反馈,进而及时调整项目营销策略。

(五)渠道线

持销期渠道线策划需要根据项目的成交客户和到访客户的特征为渠道团队划分渠道拓客地图,协助渠道团队精准拓客,并为渠道团队准备拓客相关道具,比如拓客单页、手举牌等。

(六)现场线

现场线策划需要每天对项目案场内外及示范区、样板房等展示区进行巡检,确保案场的品质,发现品质问题上报物业、工程、营销等各个端口及时处理,保持项目高品质调性。同时,现场线策划需要兼顾案场内的氛围营造。此外,每天不定时进行项目价值点或者成交口播制造热销氛围。

二、持销期渠道作战策略布局

持销期,渠道团队成员依旧是项目的拓客主力军之一,与前期渠道采取人海战术全覆盖模式不同的是,持销期为了控制成本,会根据客户地图更精准地进行铺设。

在项目首开后,针对项目的成交客户和到访客户进行精准分析,再根据此情况重新画客户地图,渠道同事根据客户地图深入这些区域挖掘客户,具体如表9-4所示。

表9-4 渠道作战战略布局

深入社区	在客户地图范围内组织社区活动及摆展
商圈摆展	在区域内各主要商圈摆展、拓客
竞品拦截	对项目的直接竞品、重点竞品进行重点拦截
夜拓	在项目加推等关键节点针对客群主力区域夜拓，比如晚间拓客灯箱、横幅，或者社区扫楼计划
深入办公楼	针对区域内的写字楼、办公楼进行深入挖掘，采取送早餐计划或者送精美节日礼品等形式
其他	客户拜访、二手门店巡铺、圈层活动及推介会等

持销期阶段，渠道的作战除了策略布局，更为关键是渠道团队的高效管理，因为渠道团队除了渠道负责人和渠道专员是内部人员，大部分渠道人员都是以兼职为主，因此团队的稳定性并不强，并且外拓的工作属性难以提高团队工作积极性，如何做到人尽其用，是渠道管理人员需要思考的问题。

为了确保人员的稳定性，一般采取月考勤工资梯队发放制。比如一个月工作满15天工资是一定数额，满20天增加一个梯度，全勤以更高梯度发放。除了考勤外，一般还设置额外的奖励制度，比如带访奖和成交奖，依旧是梯度设置，比如一天带访一组客户，每组客户只有20元奖金，如果一天带访3组或以上，则每组客户可以获得60元的奖励，以此来激励团队人员积极带访客户。

在渠道管理上，一般会根据客户地图制定相应的拓客任务。比如一天需要留多少意向电话，一周需要带访几组客户到案场，这些都需要形成渠道管理制度。此外，渠道管理人员及策划人员每天应该实时监控渠道拓客动向，常用的监控方法包括实时共享位置，不定时要求拓客员发指定动作的照片到拓客群进行突击检查，具体如表9-5所示。

表9-5 渠道管理制度表

拓客任务	拓客监督（策划实行监督）	奖励与惩罚
意向留电×个/人/天； 意向微信添加×个/人/天； 访客户至案场×组/人/周	建立拓客微信群，实时要求共享位置或者发送有地址、时间水印的拓客照片至群内； 每天由策划抽查销售所留电话或微信添加记录，并在记录表上记录是否经完成； 每周末活动根据销售个人来访，由策划监督是否完成5~10批的到访，并在记录表上记录是否已经完成	拓客任务由策划每天分团队交叉检查完成情况，未完成或被监督抽查出作假则给予惩罚

三、持销期营销作战策略布局

销售是持销期营销指标达成的主力军，因此，在持销期尤为注重销售团队的管理以及销售战斗力的提升。

（1）在销售团队管理方面，持销期依旧采取奖惩并行制度，一般设置每月首/尾单奖励、周度/月度冠、亚、季军奖励，奖励可以是现金形式也可以是奖品或者额外的休息时间。

（2）销售战斗力方面，持销期需要对销售团队进行多种形式的培训学习，包括项目核心价值培训、户型策略培训、抗性话术培训、竞品优劣势分析培训等，一般以周为单位，每周利用晚间空余时间组织一次对应的培训，以此深化内功，销售培训计划表如表9-6所示。

表9-6 销售培训计划表

项目价值点	核心价值点强化，团队演练如何给客户强化产品价值点
竞品分析培训	竞品一对一、点对点分析，分析竞品优劣势，并概括出竞品打击话术
市场培训	实时关注市场动态，为销售培训，针对市场情况培训相关内容
户型策略	培训每个在售户型的核心价值点
抗性话术	通过客户盘点总结出项目的主要抗性，进行头脑风暴总结出抗性话术并进行培训
接待礼仪	请礼仪师进行接待礼仪培训，包括接待的流程、谈吐、举止等方面
财经知识	财经热点、投资方式培训，增加销售的谈资

续表

区域价值	针对城市各区域优缺点进行培训，强化本区域的核心优势
逼定技巧	团队交叉对抗演练，取长补短，制定出标准化的逼定谈客流程
辩论赛	针对某些话题进行分组辩论，常见议题如"买核心区贵的房子还是郊区便宜的房子"
其他	汽车品牌、奢侈品品牌、红酒品鉴等培训，提升销售的谈资

持销期是一个比较漫长的过程，想要在持销期完成销售目标，策划、渠道、销售三条线缺一不可，并且策划、销售、渠道人员需要高度配合，共同协作，以完成销售目标为导向。

第二节　持销期热销氛围营造

一个客户进入销售中心，让他以最快的速度信任这个项目的方式是制造非常热销的氛围，这样客户就有了绝对的安全感；反之，如果一个项目冷冷清清，则很难成交。当下各开发商制造热销最常见方式有活动氛围营造、互动氛围营造、口播氛围营造及音乐氛围营造。

一、活动氛围营造

一般项目为了增加现场氛围，会在不同节点组织不同形式的活动。工作日人流较少，常举办的活动有整点抽奖、推介会、游园打卡、分销表彰大会等。周末一般会举办暖场活动活跃现场氛围，节假日、小长假等大节点会举办一些比较大的主题活动来积聚人气。夏天白昼比较长，很多项目会延长夜间接待时间，因此也会举办一些夜间暖场活动比如夜间观影，如表9-7所示。

表9-7　地产活动种类表

时间	活动类型
工作日	整点抽奖、推介会、同行接待日、游园打卡、分销表彰大会
周末	暖场活动、茶歇、贴车贴领好礼、转发集赞领礼品、家电竞拍
节假日	主题活动如嘉年华、欢乐梦幻城堡、资源嫁接活动
夜间活动	观影节、街舞、啤酒龙虾夜、广场舞、夜间整点抽奖
常规	成交砸金蛋放礼炮、到访送礼品、准点抽奖、游园打卡

二、互动氛围营造

一般在现场设置一些互动的元素增强案场的趣味性，比如现场设置人偶巡游派发糖果或者气球、与现场的小朋友拍照互动，现场安排一个主持人与客户互动活跃氛围。

三、口播氛围营造

一般在现场安排一名工作人员准点进行项目价值点口播，工作日一小时口播一次，节假日半小时口播一次，口播的内容包括现场项目价值，项目房源销控情况、成交情况。比如有客户成交可以进行如下口播："现场的客户及工作人员请注意，下面进行一条销控播报，恭喜××先生认购房源一套，成为本项目尊贵的业主，截至目前，今天已经成交×套房源，房源不多，请现场的客户抓住时机，及时下定！"

通过现场不断的成交播报、价值点播报，可以将价值点强势灌输进客户脑海中，并且增加现场客户的紧张情绪，促使其快速订房。

四、音乐氛围营造

音乐也是调动案场氛围的重要工具，美国学者曾经专门研究过音乐与销售的关系：顾客的消费行为往往与音乐节奏合拍，当节奏加快到每分钟108拍的时候，顾客成交频率会加快；而当音乐节奏降低到每分钟60拍的时候，顾客在店里的停留时间会延长。

由此可见，合适的时间放合适的音乐可以起到很大的氛围带动作用，促进客户成交。一般案场会放一些节奏感比较强比较激昂的歌曲，这类歌曲的特点是高分贝、激昂澎湃，客户听到后会产生躁动的感觉，心跳加快、精神亢奋下出手下定。

除了节奏感比较强的音乐外，还需要根据项目的调性来选择音乐，比如文旅项目就比较适合选择一些大自然流水或者鸟鸣叫的声音来增加案场的意境，再如一些滨海度假项目可以选择节奏比较欢快活泼的音乐。

项目的音乐播放还需要根据不同的时间节点来选择，一般平销期可以放一些相对舒缓的音乐让客户身心放松，使其在案场尽量停留较长的时间，比如周一至周五就可以选择这类音乐；畅销期一般选择节奏感比较强的激情音乐，以制造紧张热烈的氛围和宏大的气势，项目开盘、加推或者周末及节假日可以选择此类型的音乐。

第三节　项目加推策略

地产行业作为高周转快去化的行业，项目首开后，为了快速抢占市场、抢占客户资源，会不断加推剩余可售楼栋房源，达到快速回款的目的。项目加推其实相当于一次小开盘，只是没有首开那么声势浩大，每次加推的数量以及积累的客户量也没有第一次庞大。

一般项目决定加推前，会对当前的政策及市场、项目自身的销售情况进行分析，从而制定本案的全年目标、加推策略、调价策略及加推方式。

一、政策及市场分析

政策分析主要是对目前全国的楼市政策以及当地的楼市政策进行分析，通过对政策的分析评估项目未来存在的风险及机会。

市场分析主要是对项目所在城市的整体住宅成交情况、重点竞品成交情况、区域内重点项目开盘/加推情况、本市其他区域近期重点项目开盘/加推情况、近期市场重点项目动态监控情况、重点项目渠道情况、重点项目货包情况等进行分析。

（1）项目所在城市的整体住宅成交情况：主要分析城市整体成交量变化及成交价格变化。

（2）重点竞品成交情况：分析在售竞品项目的成交情况，包括成交量、成交价格、近期是否有加推等。

（3）区域内重点项目开盘/加推情况：分析重点项目开盘成交均价，开盘销售情况，去化率，开盘均价及去化率与本案首开对比情况。

（4）本市其他区域近期重点项目开盘/加推情况：分析项目所在城市各区开盘及加推均价、去化情况。

（5）近期市场重点项目动态监控情况：分析周边竞品项目做了哪些营销动作，比如营销活动、特价房一口价房源、增加推广投放渠道、更新案场营销包装等。

（6）重点项目渠道情况：分析竞品项目成交客户各渠道占比情况、分销占比情况、分销渠道佣金点数及其他奖励等。

（7）重点项目货包情况：分析重点竞品项目的在售产品、面积段、成交量、价格、可售房源库存量、工程进度等。

通过对当期的市场调研进行分析，总结出项目所在板块的竞争格局，确认竞品所做动作是否威胁本项目销售，并提出应对策略。

二、项目销售情况

项目销售情况，主要对项目截至目前累计来访量、认购套数、面积、金额、签约金额等进行统计，并就项目的到访客户、成交客户以及各楼栋销控情况进行分析。

（一）到访客户分析

通过项目的来访客户电子表进行各项数据透视，包括获知途径占比、居住区域占比、家庭结构占比、来访客户意向房型占比、年龄段占比、置业次数占比、从事行业占比、关注价值点占比、置业目的占比、付款方式占比，由此可以相对精准地分析出目前项目客户户型需求的总体占比情况以及客户来源情况，在加推前的媒体投放及渠道作战中可以重点在这些客户集中区域进行全面覆盖，深度挖掘潜在客户群体，并且结合项目客群的特点，分析项目可以举办哪些符合客群调性的活动邀约客户到访。

（二）成交客户分析

通过项目成交客户电子表进行各项数据透视，包括项目成交客户获知途径分析、居住区域分析、客户成交周期分析、家庭结构分析、购买房型分析、年龄段分析、置业次数分析、关注价值点分析、职业分析、置业目的分析、付款方式分析。

（三）各楼栋销控情况分析

主要分析首开楼栋剩余可售套数，其中顶底楼层、难去化楼层套数，剔除顶底楼层和难去化楼层之后剩余的适销房源套数。

三、加推策略及全年目标分解

一般在项目首开后持续有供货的情况下，采取分楼栋平推的方式频繁推货，持续保持项目热度，并根据项目全年营销签约回款目标进行月度销售任务分解。

根据全年的签约目标，结合已签约数据加认购未签约数据，算出剩余签约任务，再根据平均每套总价计算需要完成多少套任务量，最后将任务下发至销售团队。

对全年销售目标进行月度分解可以让团队更清晰地知道每月的任务量，并且更加有计划性地进行加推节点铺排。在项目制定加推策略时，需要注意以下几点：

（1）抢客为王，抢占市场客户，时刻关注竞品动态，根据竞品的推售情况灵活加推。

（2）多频快跑，高热度，防止客户流失。一般首开后项目热度是会比较大的，可以利用首开的余热积极推货，抓住市场客户。

（3）楼王产品一般选在金三银四、金九银十、国庆节、中秋节等重大节点捆绑加推。

（4）加推时尽量做到产品均衡，丰富产品的选择性，尤其是需要填补目前热销的户型空缺，并且最大化丰富各产品的楼层选择性，尽量满足各类客户的需求，避免客户流失。

（5）加推时要考虑剩余难消化产品的去化问题，一般难消化产品可以与热销产品捆绑推出，让难消化产品形成价格优势，进而达到去化目的。

四、调价策略

项目首开后，很多已经购房的业主都会比较关注接下来项目的售价情况，为了在市场上营造价格上涨的口碑以及稳定第一批购房业主的情绪，大部分楼盘都会将首批剩余房源的价格在开盘均价的基础上小幅上调，一般每平方米上调20~100元，相当于一套100平方米的房子总价贵2000~10000元，采取这种价格微调的方式一方面稳定了老业主的心，另一方面总价上涨不明显，对新客户的影响不大。

对于新加推的房源同样采取价格略微上调的策略。当然，调价不能看首开均价，还需要基于当期市场的总体情况来定价，如果市场总体形势是价格下降或者大幅度涨价，那么项目的价格需要顺应市场的变化。综合来讲，加推定价主要依据市场情况进行首轮定价，得出项目的基准均价，再根据客户回馈对基准均价进行微调，并就加推房源进行横向梳理，确定价差关系。

第四节 项目月报撰写

为了便于公司流程化管理，掌控工作进度，大部分开发商都要求项目组成员每个月写月报，统一汇报工作。一般写月报的目的有两个，一是对本月的工作进行复盘，让领导知道这一个月的工作进展、遇到的困难、取得的成果，二是提出下个月的工作思路，让领导给予相应的评价。

一般一份优秀的月报由三个部分组成：本月工作回顾、本月工作总结、下月工作计划。

一、本月工作回顾

本月工作回顾首先是对本月的销售业绩、销售完成率及来访客户情况进行分析，一般为了便于观看，采取合适的图表形式展示如表9-8、表9-9和表9-10所示，并进行概括总结。

表9-8 本月销售基本情况

类别	数量
目标任务（万元）	—
销售面积（m²）	—
销售套数（套）	—
销售金额（万元）	—
销售完成率	

表9-9 本月各业态销售套数及金额

业态	销售面积（m²）	销售套数（套）	销售金额（万元）
高层	—	—	—
洋房	—	—	—
别墅	—	—	—
合计	—	—	—

到访客户分析：×月到访客户总计××××组，成交客户以××区为主，认知途径以××为主。以图表分析近三个月客户上访量的走势、成交客户的区域占比如表9-10所示。

表9-10 到访客户分析

认知渠道	来访客户	来访占比	成交客户	成交占比	转化率
自然来访	—				
老带新	—	—	—	—	—
员工推荐	—	—	—	—	—
拓客	—	—	—	—	—
中介	—	—	—	—	—

其次是汇报本月各个板块的工作，主要针对销售板块及渠道板块两个板块所作的工作进行概述。

（一）销售板块

阐述本月的总销售额、销售套数、签约额及汇款额，对本月的销售完成率进行综述，并对团队销售人员的业绩进行统计排名，让领导可以直观地看到团队成员销售情况。另外，需要阐述本月为了达成销售目标做了哪些实质性的动作，比如销售做了哪些培训、销售的激励政策是怎样的、销售管理制度等。

（二）渠道板块

阐述本月渠道的出勤情况、拓客作战地图、渠道到访成交数量、渠道管理制度、奖惩制度等。

总的来讲，在进行本月工作回顾的时候，需要做到汇报真实具体，有数据支撑、明确汇报目的、详略得当，抓住重点并且要以结果导向着手汇报，汇报的内容简明扼要。

二、本月工作总结

本月工作总结主要从三个维度进行：本月取得的工作成果及工作亮点、本月工作遇到的营销难点、本月工作需要改进的地方。

（一）本月工作成果及亮点

针对这个月取得的业绩进行自评，比如业绩是好是坏，在市场上总体处于什么样的水平；每个板块本月的工作亮点有哪些，比如做了某项事件营销活动，形成了非常好的口碑，促使千人到访售楼部，又如渠道做了比较新颖的拓客方式，直接成交多少套。

（二）本月工作营销难点

对本月遇到的营销难点进行总结，常见的工作难点有区域趋冷、到访量少、传统淡季等。在总结中汇报工作难点，也是为寻求领导支持作铺垫，根据营销难点提出解决措施，比如下个月可以做大型的活动引流、增加推广覆盖率、增加团队激励奖，这些措施不可避免地需要得到领导的营销经费支持，因此在总结的过程中一定要客观地对项目的难点进行概述。

（三）本月工作需要改进的地方

针对本月各板块工作做得不到位的地方提出相应的改进措施。

三、下月工作计划

下月工作计划主要是对下个月策划、渠道、销售三个板块的整体工作计划进行汇报，同样以结果为导向，首先是对下个月的销售目标进行概述，再分板块叙述工作内容。

月度销售目标一般是在年度总销售目标既定的情况下进行分解的，但是在每月制订目标计划的时候，需要根据供货、市场、本项目近三个月成交情况进行调整。目标明晰后，需要对项目的在售货源及计划加推的新货源进行盘点。

（1）在售货源盘点：项目在售货源共计×××套，货量××万方，货量××亿元。

（2）新推货源盘点：预计加推××号楼，共计××套，货量××万方，货值××亿元。

在目标清晰、推售节奏清晰的情况下，再对下月策划、渠道、销售三个板块的工作计划进行概述。在进行下月工作计划汇报时，每个板块一定要针对各个线条的工作做到细致化，并且有理有据。比如为什么要做这个事情，预计可以取得什么样的效果等，让领导从月报中看到有内容的干货。

总结来讲，月报并不是一种形式主义，为了写而写，而是在写月报的过程中找准项目的工作方向，总结项目上阶段遇到的问题并提出相应的对策，并在这个过程中思考、总结，合理计划下一阶段的工作。

第十章
房地产项目尾盘期营销策划

第一节　尾盘项目的基本特征

尾盘是指项目整体销售达到七成左右时剩余的房源，一般都是一些销售较为困难的房源。在客户及小部分销售眼中，尾盘往往是被剩下来卖不出去的房子，但实际上，随着时间的推移，城市的价值不断提升，尾盘往往更超值、更稀缺。

一、尾盘的分类

尾盘分为自然尾盘、纠纷尾盘、自留尾盘、炒空尾盘、误诊尾盘这几种形式。

（一）自然尾盘

自然尾盘是最常见的尾盘形式之一，基本上每个楼盘都会有自然尾盘。随着项目收尾，项目的推广力度有所减弱，信息输出由前期的大量覆盖转为软性输出，人气也随之变淡，剩余的房源自然而然成了尾盘。

（二）纠纷尾盘

一般在项目前期销售过程中，会拿出部分房源来作为抵款房，比如材料款抵款、工程款抵款或者是合作各方的协议分房，开发商承诺在销售过程中代为转售，由此形成纠纷尾盘。

（三）自留尾盘

自留尾盘是开发商在前期销售时，因为销售较为火爆，对市场形势看好，产生奇货可居的念头，故意把一些较好的房源保留下来，期望以后高溢价卖出，但是房产市场并不是一直火爆的状态，一旦市场回落或者竞争压力变大，这些房源就极易被积压下来，形成自留尾盘。

（四）炒空尾盘

这类尾盘一般是中高端项目在销售阶段过度炒作项目价值，价格远超购房者心理预期，进而导致客户只能远远观望，由此项目的房子被积压起来。

（五）误诊尾盘

误诊尾盘一般是项目前期定位问题导致的，项目前期定位出现偏差、营销计划失控、入市时机把握不准、客户群体没找准，因而导致推广针对性不强，目标诉求不准，进而形成尾盘。比如项目在郊区，周边有山湖资源，大部分项目肯定是选中高端的改善产品为定位，但偏有个别项目将其定位为刚需盘，卖小户型产品，这种情况就极容易出现滞销，刚需客小户型为什么不买在市区里交通更方便的地方呢？

二、尾盘的特点

（一）房源质量好但价格高

在前期销售定价时，为了增加整盘去化率，因此房源之间价差拉得比较大，就出现了部分位置、楼层、产品较好的房源价格太高，但是因为市场承受力比较弱，很多客户宁愿选择位置、楼层、产品相对较差一些的房源，而位置和楼层好但是价格贵的就被剩下了。还有部分原因是前期开发商故意将房源好但价格高的留下来等着尾盘溢价赚取更多利润。

（二）房源质量差

房源质量差是尾盘最常见的特点之一，一般特殊楼层、特殊房源在前期定价时没有考虑到位，与其他楼层价差太小，没有形成价格优势而被留下的可能性非常大，比如顶底层、四层、十四层、十八层这种传统难卖的楼层，还有些房源因为一些外在因素导致滞销，比如靠近主干道噪声大、靠近加油站或垃圾场有污染等。

（三）户型过大总价高

一般在销售过程中，部分房源面积过大，因而总价过高，但是市场有效需求较低，比如某些刚需项目的一层带地下室或者顶层大面积复式房源，这类房源相对于传统房源面积大了近一倍，总价也自然更高，很容易就被留下了。

三、尾盘的盈利点

尾盘虽然是市场公认被剩下的并且销售较为困难的房源，但是尾盘的盈利点却远高于开盘期和持销期，可以说尾盘期每卖一套房子赚回来的都是实打实的利润。尾盘的利润高主要有以下几点原因。

（一）投入产出比高

不同于前期及持销期需要通过大量的广告狂轰滥炸来树立项目形象、包装价值点、挖掘新客户，尾盘期时市场已经对项目形成固有认知，不需要再耗费大量的营销费用去做这些动作，因此尾盘的投入产出比更高，利润也更高。

（二）准现房或者现房

尾盘一般临近交楼或者直接可以现房交楼，对客户来说，可以实地体验房屋的质量、社区的环境、周边的生活配套，特别是对着急入住的客户来说，尾盘相对于期盘来讲，免去了两三年的等待期，可以快速接房。相对于同样可以快速接房的二手房来讲，尾盘属于新房子，因此尾盘拥有独特的优势。

（三）区域价值提升

随着时间的推移，城市的价值在提升，区域的价值同样在提升。一般一个区域在新开发时，周边全是在建的房子和配套，许多政策也才刚出台，但是三到五年后再来看这块区域，房子建好了，很多大的政策也落地了，比如三年前规划的地铁建好了，规划的商场也建好了，这些配套都直接抬高了区域的价值。同样的，一个项目卖到尾盘的时候，区域的价值一般也就凸显了，可能项目初期的时候周边均价才六七千元一平方米，但是尾盘期，周边均价可能翻了一倍，尾盘的价格肯定也会随区域价格而调整，溢价率不言而喻。

（四）降价空间大

尾盘省去的大量营销费用以及区域价值攀升所带来的溢价空间，让尾盘拥有较大的降价空间，可以做大量的促销活动，进一步加速项目清盘，实现快速回款。毕竟高周转快去化的地产行业，每回一笔款，都是新利润的诞生。

第二节 尾盘清盘策略

在尾盘阶段，市场对项目的认知已经形成，因此，不需要再花费太多的营销费用做推广。针对尾盘，最有效的方法是直接以目标结果为导向，制定针对营销目标的推广、销售策略，并在必要时施行降价促销策略。

一、尾盘阶段推广策略

相对于前期和持销期，尾盘阶段不会做大规模的推广，而是针对被剩下的房子采取直接粗暴的营销手段，常见的推广策略包括重新包装价值点、调整入市时机、调整广告策略、包装特价房、销控手段、优惠促销活动、全民营销、老带新、活动策略等。

（一）重新包装价值点

对于剩下的每一套房源都进行仔细分析，比如房源有哪些价值点、适配哪些客群，然后针对这些重新进行价值点包装，丰富销售谈客话术。除了对房源挖掘价值点外，还应该从尾盘的一贯价值点着手。尾盘的最大价值点是接房快，一般都是准现房或者现房，并且购入时基本上已经有业主交付入住了，周边发展相对成熟，这些价值点都可以重新进行包装。另外，有的楼盘还会在房源的基础上生造新的价值点，比如直接从客户最关心的钱入手，给他们增加一道保险栓，如7天无理由退房制度，还有反租、回购、自由换房、保价、试住等制度，借此让客户感觉占到便宜而购买如表10-1所示。

表10-1 尾盘常见生造价值点手段

无理由退房	客户买房后，在一定周期内，如果对房子不满意或者其他特殊原因不想买了，可以原价退房，并且缴纳的本钱在退房时还可获得等同于银行存款利率的利息
试住	买房前可以试住一段时间感受项目的生活
自由换房	认购后一定时间内如果对所选房源不满意可以自由调换（在剩余未售房源中选择，价格多退少补）
购房保价	承诺客户在区域平均房价下跌时给予差额补偿
反租、回购	购房时签订反租协议或者回购协议，承诺反租，客户每年获得一定的租金回报；购房几年后开发商按照原价的一定倍数回购

（二）调整入市时机

新房一般都是期房，客户买房后一般需要等待两至三年才能接房，这对于客户来讲，就像闭着眼睛看房，后期能否按时交房、房子最终建得好不好都是不可知的，因此市面上的准现楼和现楼相对来说比较受客户青睐，可以直接看到房子的面貌。

在项目进入尾盘阶段，距离交楼时间一般不远了，项目可以以此为点，重新调整尾盘的入市时机作为准现楼或者现楼推出；此外，项目周边有大的配套落地，也是入市的较好时机，借助这些利好时机进行老盘新推，不失为一种良策。

（三）调整广告策略

尾盘期的广告不同于前期和持销期的路线，更偏向于接地气硬广。重点把握两大原则：贵精不贵多，注重情感沟通。广告要体现项目本身特征，使用亲切的生活画面，增强与客户沟通的亲和力，并进行强势宣传，给客户留下深刻印象。

（四）包装特价房

每周末借用案场活动人气较旺的契机推出几套限量特价房或者一口价房源作为逼定客户的工具，工作日再收回特价房折扣，让销售人员以"过了这个周末，房子就涨价了"的口径逼定客户在周末尽早成交。

（五）销控手段

在销控板上作文章，销控板也就是现场公示的一房一价表，通过对其价格、付款方式、优惠方法、推出时机进行合理的整理，使层差、朝向差的房子单价和总价更具吸引力，并且通过销控贴制造现场"热销很难买到"的紧张氛围，让客户看到同层、同朝向、同户型、同单元的相似房源都卖出去了，现场只剩"保留房源"，制造房源紧俏的气氛。

除了销控板房源调整，还可以从调整销控价差着手，比如根据不同的房源特性，通过提价、降价、拉大价差等方式进行调整。

（六）优惠促销活动

可以利用降低首付比例、买房送家电、送装修、送物业费、送车、送保险等方式进行隐性降价促销活动，借此提升案场销售氛围，在周末和节假日等节点结合现场成交播报、抽奖播报、暖场活动等氛围助力销售人员逼定客户。

（七）老带新

尾盘很多业主都已经交房，并且业主买房后一般对项目的认可度会提高，可以通过一些老带新政策挖掘业主的朋友、亲戚、同事等资源，常见的老带新政策有成交送购物卡、送一定比例的佣金或者送几年的物业费等。

（八）更改产品

对有些较难出手的房源根据市场需求作内部结构调整，比如两居的产品改为三居销售、大房拆小房、毛坯改装修等，以此迎合市场所需。

二、尾盘阶段销售策略

尾盘因为在后期没有开盘的营销依托，再加上推广力度减弱，因此，尾盘对于销售人员的考验更大。

（一）销售观念转变

要遏制消极情绪在售楼处内部传播，需要置业顾问改变观念，剩余房源是"保留房源",而不是"还剩下的房子";是"别人买不起的房子",而不是"不想买的房子"。要统一口径,对这些保留房源充满自信。

(二)销售话术提升

我们要认识到,在消费者心目中,尾盘往往是价格高或位置不好的剩余房源,而实际上,在城市价值提升的情况下,它往往是更超值和更稀缺的产品。这一阶段,我们希望消费者重新关注和考虑项目并认知到这一点,因此有必要适当聚集客户,以某种形式吸引他们并辅以产品推介和一定的促销,让客户相互促进并重新了解和考虑置业的可能性。

(三)内部激励

发动销售主观能动性,实现内部爆破:案场以周为单位,实行销售奖罚措施。

第三节 尾盘期商业销售策略

尾盘期除了剩余的较难去化的少量住宅产品外,真正被市场公认的难去化的产品是商业产品,项目一般都会把商业产品放在尾盘统一销售,常见的社区商业业态以社区商铺、公寓产品为主。

一、尾盘商铺销售策略

商铺基本是没有刚性需求的,作为一种大宗投资品,其本质目的是就是赚钱,保值增值。因此,在制定商铺销售策略的时候,需要从投资品的角度切入,建立一整套可信的逻辑,让客户相信商业产品有一个可预见的增值保值的未来。

首先，需要对商铺进行核心价值体系梳理如表10-2所示。一般商铺价值主要包括外在客流及内在空间两个核心要素，外在客流主要包括过路性客流、目的地客流、广告传播性客流；内在空间包括空间消费容量、空间展示容量、空间可变程度。

表10-2 构成商铺价值的八大板块

城市价值	城市量级、城市人口、城市产业、城市商圈格局、城市消费特征
区域商圈	区域人口、区域产业、区域定位、规划前景、发展机会、商业竞争
消费客群	消费客群辐射半径、收入层次、职业特点、年龄特点、需求特点
客流动线	客流动线关系、目的地客流、过路客流交通动线
商业运营	公司品牌、商业模式、销售方式、招商方式、交付进度
昭示效应	昭示对象、流量、面积、建筑外观、朝向、干扰
空间价值	面积、层高、开间、进深、结构、立面、业态
租金售价	区域租金水准、区域售价水准、标杆与常规商铺差异

其次，分析商铺的客群特征，包括其购买力、生活轨迹、区域接受度、客户行为及消费习惯、客户购铺经验、客户关注度等。

分析完商铺的价值特点及客群特点后，据此提出可行的商铺销售策略。一般商铺销售策略主要围绕对未来价值的挖掘以及客户信心的树立来展开，常见的手段包括包装情景化商业街、规划商业业态、带租约销售、促销活动、制造节点引发关注等。

（一）包装情景化商业街

卖商铺主要是卖未来价值，因此，在销售过程中，通过商业街的情景化包装（实体橱窗、门头、小品），招商中心价值展板、门头包装，现场活动桁架包装等让客户可以更直观地预见未来的样子，增强客户信心，助推商铺销售。

（二）规划商业业态

根据不同商铺的商业价值，规划不同种类商业业态，比如生活服务、餐饮、购物休闲等业态，借此提升项目形象，增加社区活跃度，改善商业配套，为后期销售提供支持，也为已入住业主提供生活保障。

（三）带租约销售

通过顺销推出商铺，不做集中开盘，启动招商，将适合社区品质和业主需要的商家或业态引进来，并且社区商业走上发展轨道后，可以带租约销售，以此提升客户的购买信心，从而助推商铺去化；对于招商的这些租户，在租赁期间，享有优先购买权。

（四）促销活动

比如摇一摇送金铺，免费得1平方米商业面积、周末特价铺、一口价、夜闪购等。

（五）制造节点引发关注

比如举办招商大会、投资高峰论坛、商家入场装修仪式等，不断引发市场关注，助推商铺去化。

（六）促销活动

选择在小区入住率达到50%~60%时开始销售商铺，这个阶段，小区入住率已经足以让商家实现盈亏平衡，更能提升客户的信心。

二、尾盘公寓销售策略

公寓和商铺的性质一样，都属于商业产品，但与商铺不同的是，公寓除了具备商铺的可商用办公的特征外，还兼具居住功能。公寓产品在所有物业业态中可以说是功能最多的业态，但是因为商业特点，如商业用水用电贵、不通燃气、二手转让困难等硬伤，使公寓的销售难度偏大。

要想让公寓卖出去，首先需要做的是梳理出本案公寓的所有价值点以及公寓客群盘点如表10-3和表10-4所示，再根据公寓价值及客群提出有针对性的销售策略。

表10-3　公寓价值点盘点

租金回报率高	公寓租住客群一般是都市白领，群体较年轻化，并且租金的价格远高于同区位的住宅
空间百变	一般层高较高，可塑性较强
核芯、配套齐全	公寓一般出现在城市核心区、产业区、商业区等地段，配套相对比较齐全
小户型低总价	公寓的建筑面积比较小，十几二十平方米的公寓随处可见，并且公寓的单价一般低于周边的住宅，因此有小户型、低总价的优势
可办公商用	公寓可以注册公司、开店铺、工作室等
其他	比如投资回报率比较高、地铁口公寓交通便捷等

表10-4　公寓客群盘点

刚需客户过渡性住宅	公寓产品通常有面积小、单价低、总价低的特点，并且通常都位于比较繁华的地段，因此刚需客户还没有能力承担一套住宅又不想租房的情况下，会先选择购买公寓作为过渡性住宅，因为公寓不占用购房资格，并且即使以后换了住宅还可以把它租出去
创业者个体户的办公场所	公寓属于商业产品，除了具备居住功能还兼具商务办公属性，可以注册公司、工作室，而且相对于专业的办公场所写字楼而言，写字楼面积一般都比较大，因此对于企业初创者及个体经营户而言，他们更倾向于购买公寓产品作为公司办公场地，即使后期公司规模扩大，公寓也可出租或者作为员工宿舍使用
限购限贷客群	这类客群因为限购限贷，不得已转向公寓市场，在北上广深等城市一般都要求缴纳社保五年以上才能购买住宅，而公寓不限购的特点让这些没有购房资格的人有了"上车"的机会
其他	个性化需求衍生的客群，比如学校附近买公寓陪读、考虑离单位近工作方便

对公寓价值点和客群进行梳理后，再根据这些特质制定相应的销售策略。一般销售公寓的核心逻辑分两点，一是弱化公寓硬伤，二是提高客户信心，具体有以下销售手段。

（一）销售团队能力提升

坚持从多方面提升销售力，定期组织销售公寓培训、公寓抗性话术培训、辩论赛活动、团建活动等。

（二）强化公寓价值包装

比如销售现场可以增加公寓的价值展板、打造特色的样板房如网红的家、单身女孩的家、摄影师的家、办公样板房、手绘样板房、整层体验区，设置瑜伽室、按摩观影厅、咖啡厅、书吧、会议中心、健身会所、宠物寄养中心等公共空间，通过包装提升产品附加值，提升客户的体验感。

（三）活动推广

组织企业拓展、上门拜访、家宴、高端圈层拓展等活动，增加项目到访量。

（四）散售+整售模式

前期以高层带动少量楼层较好的房源散售试水，确保前期去化，后期根据销售情况决定推售货量及销售方式。

（五）商家潮流快闪店

通过与项目意向合作商家举办潮流快闪店，包装商家形象，提升客户信心和项目形象，增加项目来客量。

（六）促进老带新

举办业主生日会、答谢宴，设置老业主推荐奖励等促进老带新。

（七）销售奖励

设立销售套数奖、跳点、销售精英奖、销冠小组奖等奖项，刺激销售热情，促进成交。

三、尾盘社区招商策略

为了促进尾盘商铺的销售，很多项目会采取招商引租的形式，先将商业做成一定规模，后期再带租约销售，以此加速整盘去化。社区招商策略主要包括倡导投资者差异化经营、关注主力店和品牌店效应、控制招商节奏、选择好开业时机四个手段。

（一）倡导投资者差异化经营

倡导引进的商家进行差异化经营，避免出现同类恶性竞争。比如一条社区商业街，如果同时出现两个便利店，那么两家店就极易出现恶性竞争，造成不良影响。因此，为了避免这种情况，在招商时需要规划好准备招商的物业类型，尽量做到物业类型多样化、差异化，以此营造和谐的商业环境，从而实现多赢的局面。

常见的社区商业物业类型包括生活百货类、超市类、餐饮类、便利店类、服务配套及服饰精品类、美容美发类、生活家居类、健康养生类、休闲娱乐类。

（二）关注主力店和品牌店效应

知名的百货、购物中心将带动周边的商业物业升值（主力店周边商铺的经营主要是"寄生"业态，它们本身不具备"聚客"能力，只有凭借主力店的作用才能充分挖掘其商业价值并不断升值）。商铺品牌店是否进入社区，是投资者重要的参考因素。品牌客户对商铺的选择有严格的商圈评估标准和计算方法，知名的品牌客户其本身具备聚客能力，会促进商圈的形成并加快社区的招商进程。

（三）控制招商节奏

社区招商分为核心主力店招商、次主力店招商、独立精品店招商、特色店招商四个阶段。核心主力店的成功招商能带动次主力店和其余商家，核心主力店对社区商业的成败具有决定性作用，决定了社区商业的品牌形象，对于超级大盘，社区主力店的招商是整个社区商业成败的关键。

（四）选择好开业时机

利用聚群效应。根据项目的具体情况，可以全部商家一同开业，也可以按商业功能、商业业态分批开业。

开业时间选择。通常选择在周末或传统的节假日，这样能有更多的居民参与其中，凝聚起更多的人气，营造热闹良好的商业氛围。

规划好整盘招商策略后，再制定相应的招商手段，常见的招商手段包括以下几种：

（1）通过项目广告宣传及内部预登记商户进行提炼筛选。

（2）制定招商政策，比如针对主力品牌店，可以优选选择楼层和位置，享受租金优惠、免租期等；针对辅助店可以提供免租期、经营策略方案服务等。

（3）组建招商团队进行招商拓展工作，如商会、乡镇市场、商家嫁接、渠道中介拓展等。

（4）招商转介政策，如商家转介朋友可以享受优惠政策。

（5）全民推介，深挖客户需求，比如对项目的客户进行回访，尤其是投资客，深挖业主需求。

（6）在现有的合作品牌中深度合作。

（7）通过商业同行、政府相关部门、企业商业渠道。

（8）和其他行业交换客户名单。

第四节　项目交付活动策划

项目达到交付条件后，会统一通知业主前来办理接房手续，物业入伙，营销、工程、物业团队共同组织交付活动后，项目的营销工作接近尾声，营销团队自此退居幕后。

一、项目交楼筹备

为了项目顺利交付，一般工程和物业部门在交付前半年开始筹备相关事项，营销在交楼筹备中的主要工作是协助物业和工程部门顺利交付，一般交付前半个月到一个月拟定"收（验）楼通知书"并由公司的物业、工程、法务等部门联合会签后寄给业主，并通过电话和短信通知业主接房时间及接房准备资料，同时营销还需要协助物业组织交付当天的交楼活动、交楼氛围包装等事项，具体筹备事项见表10-5。

表10-5　交楼筹备事项

类别	明细	负责部门	配合部门
证照取得并桁架公示	五证（建设用地规划许可证、建设工程规划许可证、建筑工程施工许可证、国有土地使用证、商品房预售许可证）	工程部	营销部
	规划验收证明		
	主体工程验收证明（竣工验收报告）		
	室内环境验收证明（检测报告）		
	消防验收证明		
	人防验收证明		
	电梯验收证明		
	燃气验收证明		

续表

类别	明细	负责部门	配合部门
证照取得并桁架公示	竣工备案表	工程部	营销部
	竣工面积实测报告		
	住宅质量保证书、住宅使用说明书		
	质检、水务局、环保局、防雷、地震局验收		
小区公共区域交付	园林验收	工程部	营销部/物业部
	园林照明系统		
	地下车库地坪漆及车位划线		
	门禁系统		
	信报箱		
	地下车库导视系统		
	给排水、排污系统		
	通风系统		
	消防系统		
	自行车停放点、快递箱点		
	垃圾堆放点		
设施设备交付	电梯	工程部	营销部/物业部
	安防系统		
	广播系统		
	停车管理系统		
	通信系统（通信、电话、电视、网络）		
	智能家居系统		
	供电达到使用条件		
	给排水达到使用条件		
楼栋公共区域交付	外立面	工程部	营销部/物业部
	入户大堂		
	架空层围闭		
	入户大堂软装		
	物业用房改造		
	标准层电梯厅及走道		

153

续表

类别	明细	负责部门	配合部门
楼栋户内区域交付	入户门	工程部	营销部
	房门		
	鞋柜		
	客厅、餐厅、走廊		
	起居室		
	厨房		
	卫生间		
	窗户及阳台门		
	阳台		
	插座及开关面板		
	燃气系统		
	洁具卫浴		
其他	水表、电表安装	工程部	物业部/营销部
	水表井、电表井移交		
	开荒保洁		
	闭水试验		
	变电室移交物业		
	弱电机房移交物业		
预验收	第一次验收	工程部	营销部/物业部
	第二次验收	营销部	
	第三次验收	物业部	
前期准备签署资料	收楼通知书/入伙通知/收楼程序指南（排版印刷）	物业部	物业部
	收楼须带资料清单		
	收楼须缴费清单		
现场执行资料	房屋装修指南（排版印刷）	物业部	营销部
	收楼确认书		
	业主手册（排版印刷）		
	业主自行缴纳契税的指引		
	业主临时管理规约（排版印刷）		
	前期物业服务合同		
	防火协议书		

续表

类别	明细	负责部门	配合部门
现场执行资料	业主/住户资料登记表	物业部	营销部
	业主缴费协议		
	业主钥匙托管书		
	收楼物品清单		
	交楼验收表		
	业主授权委托书		
	流程完成确认表		
	物品出入申请表签章样本		
方案文件类	交楼统一口径及百问	营销部/物业部	营销部/物业部/工程部
	前期交楼方案		
	收楼礼品建议		
	现场包装方案		
	交楼口径培训		
现场物料类	钥匙及说明书移交	营销部/物业部	营销部/物业部
	工作证		
	手提袋、资料袋		
	业主资料		
	餐饮		
	POS机及发票、物业维修基金存折		
	饮料、茶歇、糖果		
现场包装类	细节包装（入户门定制地毯、入户小仪式、迎宾花箱、除碳包、欢迎公仔等）	营销部/物业部	活动公司
	功能牌（签到处、财务区、物业办理区、等候区、礼品区等）		
	交楼路线红地毯、花柱		
	温馨提示牌（电器使用说明、已消毒、注意台阶等）		
	各区域布场		
	导视牌		
其他	线上配合炒作（微信、媒体）	营销部	物业部
	彩排	所有部门	

二、项目交楼流程

项目交楼事项筹备好之后，为了让交楼活动有序进行，需要对交楼的流程进行整体规划并印刷后随交付通知书一起寄给业主，在交楼现场同步通过展板公示交楼流程，一般项目交楼流程如下。

第一步：确定交楼名单，寄发"收（验）楼通知书"。

第二步：销售通过电话联系业主，预约收楼时间，为了避免当天现场交楼人多出现拥挤情况，集中交楼时间一般设为2~3天，分时间段通知业主收房，并提醒业主检查收楼资料是否携带齐全（购房合同、身份证原件及复印件、交楼通知书、契税缴纳证明、公共维修金缴纳凭据等）。为了避免出现漏发通知书或者没收到通知而导致客户投诉问题，在通知业主时务必通知到位，留存好短信、微信、电话等通知截图，以及寄发交楼通知书的快递单号。

第三步：交楼当天，业主到签到区签到并发放号码牌。

第四步：在等候区休息等候，等待叫号进入办理接楼手续。

第五步：叫号后进入资料审核区审核交房资料，财务核对缴费情况并预售物业管理费。

第六步：权证区及物业手续区签署相关交楼文件（住房使用说明书、住宅质量保证书、消防安全责任书、委托付款授权书、物业交接表、居民精神文明建设公约、业主资料登记表）。

第七步：在等候区等候验房，叫号后由验房师陪同业主验楼，陪同验楼人员抄写水、电、天然气表读数，请业主在交楼验收表上签名确认。如有关于房屋使用疑问，可以咨询陪同工程师，如有维修需求，可以将问题告知工作人员，并在"业主验房发现问题记录单"上签字确认、回收。

第八步：业主验房后如果同意接房，收集验收表，统计验收意见转施工单位整改；如果不同意接房，能现场解决的由各供应商维修人员现场解决，不能现场解决的引导至整改接待处，业主有异议，整改组及时记录及处理现场问题，消除客户顾虑，给出整改方案及时间。现场危机处理小组由物业、安保、施工、监理、法律顾问、营销部等部门人员联合组成，各设组长，应对现场突发事件，现场协议处理。

第九步：领取交房物品，包括入户钥匙、门禁卡、户内设备使用说明书、物业服务手册、住宅质量保证书、住宅使用说明书、防火协议等。

第十步：办理完接房手续后，领取交房礼品后即可离开。

三、交楼活动及包装

交楼当天为了给业主营造交房仪式感，一般会在现场举办一些氛围活动及氛围包装布置，烘托现场氛围。

常见的交楼氛围活动有剪彩活动、现场锣鼓舞狮表演、乐队表演、精致冷餐、手举牌拍照打卡、各部门欢迎仪式口号等。

交楼的包装主要是对小区各分区进行包装布置，包装的主色调一般以红色和蓝色为主，有的项目也可以根据项目VI作视觉延伸设计。

一个项目最终交付后，意味着本项目的营销工作就此结束，但是作为营销工作人员，对于业主的维护工作依旧需要持续，尤其是销售人员，维护好自己的业主，对于后续卖其他楼盘是有一定帮助的。与业主关系维系好了，才能有源源不断的老带新客户资源，并且业主来自不同行业，如果关系维系得好，也是自己的人脉，在某些事情上说不定能给予一定的帮助。

第十一章
市场低迷时房地产项目如何自救

第一节　市场低迷时的项目推广手段优化

在过去10年，房地产行业基本上已经形成了比较完整的营销推广体系，作为楼盘操盘手，按照这个体系按部就班地使用就可以。但是这套体系仅适用于过去市场整体环境好的情况，想要在当前市场低迷的情况下得到突破，就必须寻求新的推广模式，找到新的突破点。

市场低迷的主要表现来自客户的购房信心不足，因此，在寻求推广突破点的时候，一定要以客户为出发点，思考如何让客户树立购房信心，让客户打开心理防线敢于逆市买房。

结合当前的整体市场环境，主要手段有自媒体营销、营销模式升级换代、社群营销三个方面。

一、自媒体营销

以抖音为代表的短视频自媒体平台爆火，让许多人的业余娱乐方式从原本的刷公众号文章变成了刷短视频看直播。过去很多开发商都有自己的官方微信公众号，靠发软性文章对客户进行洗脑式营销，很显然这套方法现在已经不适用了。项目想要长期赢得客户的关注，就必须紧跟时代潮流，将营销方式聚焦在新的娱乐平台。

当然，很多房企也在近两年开启了自己的抖音、视频号官方账号，但是从内容来看，依然局限在硬广上，内容同质化、广告化痕迹重，并且没有摸清平台推送机制，发出的视频往往直接被限流，收效甚微。

想要真正实现自媒体营销,可以采取自媒体矩阵方式,一个项目可以打造多个不同的IP。比如一个官方账号为主IP,其他IP可以是与之相关的讲卖房套路的IP、讲买房干货的IP、讲房产专业知识的IP、讲卖房故事的IP、讲房子装修知识的IP等,每个IP账号根据树立的IP角色定期更新垂直内容,以此长期吸粉,再进行私域流量转化,达到为项目引流的目的。

除了抖音外,视频号、小红书、知乎、快手、微博这些在过去被地产项目几乎完全忽视的平台,也是目前90后、00后比较喜欢的娱乐平台,房企可以考虑在这些平台上注册账号以寻求客户增长点。

二、营销模式升级换代

营销模式升级换代主要包括推广模式、销售模式及活动模式的升级换代。

在推广模式上,过去很多房企更多选择投一些户外广告及房产专业网站广告,采取广撒网的方式获取客户,在和大V合作时,也会选择一些比较有权威的公众号大V。

但随着媒体的演变,推广途径也需要适时调整。在进行推广时,项目可以选择在目标客群较多的小红书、视频号、抖音等平台选择一些垂直类的大V定制软广,这些具有一定粉丝量的大V在领域内有一定的话语权,可以让粉丝快速对项目构建信心。项目可以根据推广费用一次性投放多个广告,以提高项目声量;除了投房产类垂直账号外,符合项目客群特征的其他类型账号也可以作为重点投放对象,比如母婴类账号、婚庆类账号、财经类账号等群体都可能是项目的购房客群。

在销售模式上,过去绝大部分项目已经形成了固定的线下销售模式,如今可以参考其他快销品类，利用线上平台开启直播卖房、团购卖房等多种卖房模式。

在活动模式上也需要推陈出新，根据客户喜好特点组织相应的活动。比如现在的主力购房客群为90后，这代人的特点是喜欢新鲜事物，那么项目在做活动时，就可以考虑有针对性地组织一些有趣、有料、有梗、有笑点泪点的活动吸引这类客户参与。

三、社群营销

社群营销其实就是把广撒网获取的客户引入一个社群形成自己的私域流量，再通过不间断地洗脑，让私域流量得到变现。对于很多自媒体博主来说，转化私域流量是为了卖货，对于地产项目来说，转化私域流量就是不断给客户构筑信心，最终让客户买房。

社群营销不能局限在微信上，项目可以构建自己的企业微信，利用企业微信构建社群，通过视频号、小红书、抖音、拓客等各种渠道进行社群引流，而后每天不定时在社群发红包稳定客户，再通过每日在社群内发布政策利好、项目利好、活动等信息，保持客户黏性，长期让项目在客户心中占有一席之地，以此逐渐实现客户转化。

第二节 市场低迷时如何提升销售内功

市场低迷情况下，销售的主要问题是自身对市场的信心不足。当一个销售人员没有信心时，很难让客户相信市场。因此，要提高销售的内功，必须提升销售人员对市场的信心，销售人员的信心可以从客户心理、政策救市、销售个人发展三方面入手。

一、客户心理解读

中国绝大部分人存在跟风心理，在买房这件事情上表现得淋漓尽致，买涨不买跌成为一种普遍现场。在市场好的时候会一窝蜂都去买，市场一旦有风吹草动，则都不买。

所以在给销售人员培训的时候，如果客户对市场存怀疑态度，就可以以此为切入点，参考以下话术："您知道为什么股市、楼市，总是只有1%的人成功吗？因为99%的人都有一种从众心理，都是人云亦云，别人买房就跟着买、别人不买就跟着不买，所以总是买在了最高价。您想想，真正靠买房赚钱的那批人是不是上一次市场不景气的情况下买房的那批人？所以您是想成为那1%的成功的人，还是99%的普通人呢？"

同样的方向，对于在市场低迷期进入售楼处的客户你可以这样说："您现在来看房很有眼光呀！因为这种市场情况下，90%的人都觉得楼市不行了不能买房，您现在来看房说明您和大部分人不一样。其实只有当大家都观望的时候，房子没人买才卖得最便宜，而在市场好的时候大家都来买，僧多粥少，房价反而高，您看2014年买房那批赚了的人就是像您一样逆势买房的人，所以我觉得您很有眼光呀！"

中国的购房客户是被楼市教育过几轮的，因此在市场低迷的情况下，销售可以结合普遍的客户心理以及楼市的历史对客户进行"教育"，以此打消客户对市场的顾虑，同时提升销售的自信心。

二、政策救市

中国房地产市场与经济市场一直唇齿相依，可以说每一次中国经济出现波动，政府都会对楼市进行一次调控，以此刺激经济。在给销售培训时，可以对中国房地产发展史和房地产的几次重要去库存事件深入讲解，比如比较典型的几次事件。

1993年政府为了稳定楼市，出台了首个调控政策。

1994年，房企融资困难，开始学习香港采取商品房预售制度。

1997年，亚洲金融危机爆发，政府次年出台23号文件救市。

2001—2003年，因为申奥成功、加入世界贸易组织、国际贸易顺差等热点事件，房地产市场发展态势较好，频频出现地王、炒房团，政府为了稳房价出台"国八条"，随后又开始收紧金融政策。

2008年，受金融危机影响政府又开始救市，住房贷款利率7折优惠，首付比例降低至两成。

2014年，中国经济再度面临下行压力，央行、银监会公布《关于进一步做好住房金融服务工作的通知》调整房贷政策，二套房由"认房又认贷"改为"认贷不认房"，贷款首付比例也由之前的四成降到了三成，利率由原来的上浮1.1倍降到了基准利率的0.7倍。

2014—2015年，为了化解房地产库存，6次中长期利率下调，下降至4.9%。

从房地产市场的几次重大政策调控不难看出，政府并不是想要打压房地产，而是想要房地产朝着健康稳定的方向发展，而且不管是1997年的亚洲金融危机、2008年的美国次贷危机还是2014年的经济下行压力，每次中国经济出现压力时，政府必会出台相应的救市政策。因此，在给销售构建信心时，需要深入解读中国房地产发展史及几次重大政策调控事件，以及当下出台的房地产相关政策，让销售自身对市场充满信心，再传达给客户信心。

三、销售个人发展

在逆市下坚持的销售往往最后会涅槃重生。目前大部分房企的营销负责人基本上都经历了 2014 年、2015 年市场艰难的那段时期,但是最终坚持下来的那批都成了目前行业的佼佼者,并且大部分实现了财富自由,事业也发展到一定高度。

因此,在给销售培训时,可以从个人的发展角度刺激销售人员的积极性,市场好的情况下销售闭着眼睛都能卖房子,市场不好的时候才能真正体现一个人的销售能力,也会更多地修炼销售内功,为职业发展做铺垫。

附录

附录一：××地块可行性研究报告

编制地块可行性研究报告是确定建设项目之前具有决定性意义的工作，是为了确认投资决策的合理性、技术上的先进性和适应性以及建设条件上的可能性和可行性，从而为投资决策提供科学依据。

一、总论

（一）项目概述

（1）项目名称：住宅××地块。

（2）项目位置：项目位置。

（3）项目经营主体：某房地产开发有限公司（公司全资子公司）。

（4）项目建设性质：新建。

（5）建设规模：本项目总用地面积×××m²（约×××亩），规划总建筑面积×××m²。

（6）住宅面积×××m²，地上公共配套面积×××m²，地下建筑面积×××m²，如附表1所示。

（7）项目建设内容：

××区住宅××地块是世界五百强开发商××匠心打造的×××m²大型城市级高端人居样本。项目以融贯东西的国际化建筑审美、度假式园林、约×××m²的社交会所，重塑×区人居封面。

多元配置满足家庭乐享，公园式居住氛围三重礼宾大堂，尊享品质宜居，五重园林立体景观，营造"闲庭中，享繁华之境，高台上，望曲水流云"的意境，都会大城样板，礼献城市品味者优越栖居体验。

附表1 项目用地规划指标

项目			数量	单位
可用地面积			—	m²
总建筑面积			—	m²
地上建筑面积			—	m²
其中	可售物业		—	m²
	其中	12F住宅	—	m²
		16F住宅	—	m²
	地上公共配套		—	m²
	其中	社区服务或活动用房	—	m²
		幼儿园	—	m²
地下建筑面积			—	m²
容积率			—	m²
机动车停车位			—	m²

（8）项目总投资：本项目计划投资总额×××万元，项目资金主要通过项目承建单位自有资金、销售回款及股东贷款方式筹集，如附表2所示。

附表2 项目总投资估算表

费用类别	工程或费用名称	总价额
建筑工程费用	土石方工程	—
	基础工程	
	主体土建工程	—
	主体安装工程费及设备购置费	—
	主体装饰工程	—
工程建设及其他费用	土地征用及拆迁补偿费	—
	政府地价	—
	红线外大市政配套费	—

续表

费用类别	工程或费用名称	总价额
工程建设及其他费用	前期费用	—
	勘测丈量费	—
	规划管理及设计费	—
	报批报建费	—
	三通一平和临时设施	—
	基础设施建设费	—
	社区管网道路工程	—
	园林景观工程	—
	开发间接费	—
	咨询、评估费	—
	物业启动费	—
	营销设施建设费	—
建安预备费	基本预备费	—
	材料涨价预备费	—
建设投资	建设投资	—
财务及管理费用	财务费用	—
	管理费用	—
固定资产投资	固定资产投资	—
建设项目总资金	建设项目总资金	—
所得税、税金及附加等费用	所得税、税金及附加等费用	—
项目总投资合计	项目总投资合计	—

（9）经济指标：根据测算，项目开发周期×年，预计实现总销售收入×××万元，实现总利润×××万元，项目总投资收益额×××万元。

通过对项目现金流量表分析，税后财务内部收益率为×；税后财务净现值为××万元；税后静态投资回收期为××年，表明项目投资回收较快，项目抗风险能力较强。根据测算，项目在运营期间可按时偿还借款，还款能力较强。

（二）编制依据及研究范围

（1）编制依据（编制本报告的信息数据来源）。

①政府工作报告。

②国家发展改革委《投资项目可行性研究报告指南》。

③国家发展改革委、建设部《建设项目经济评价方法与参数》。

④国家和地方有关规程、规范、政策及条列等。

⑤建设单位提供的其他有关资料及数据。

⑥建设单位可行性研究报告编制委托书。

（2）研究范围。

本项目可行性研究报告对以下几方面进行了分析研究：

①项目建设的必要性。

②场址选择、市政配套设施及规划设计方案。

③建设内容、建设规模、建设标准。

④组织机构与人员编制。

⑤消防安全、环境保护与节能。

⑥投资估算、建设进度及资金筹措。

⑦结论及建议。

二、项目建设背景及必要性

（一）项目建设背景

（1）政策背景。

（2）经济背景。

（二）项目建设必要性

（1）房地产业发展，是改善民生、促进社会和谐的必然要求。

（2）项目建设是响应国家及地方政策号召的需要。

（3）项目建设符合改善居民居住条件和环境的要求。

（4）项目建设是提升重庆市城市形象和城市发展的需要。

（5）加快城市建设是政府的一项重点工作。近年来，重庆市加大力度，进一步加快了城市建设的步伐。房地产的发展可以带动一个区域的发展，随着城市一体化进程的加快，房地产在城市发展中仍然具有重大的影响力。

本项目的建设符合重庆市的城市规划。项目位于重庆市高新区，是成渝经济圈总体规划的重要组成部分，区域发展上正不断聚集高新技术、现代高端服务、文化旅游等新兴产业，项目建成后将成为城市发展的新坐标，对成渝都市圈的发展起着举足轻重的作用。

（6）项目建设符合公司的可持续经营要求。

项目建设对公司未来几年发展战略、发展规划具有重要意义。项目建设符合公司的开发理念，有助于将公司品牌做强、做大，为业主提供更多环保、优质的精品楼盘。项目建设符合公司未来的利润需求，可以为公司带来可观的经济效益和社会效益，对公司提高市场覆盖率、提升品牌形象、降低经营风险、扩大社会影响力有重要作用，符合公司可持续经营的要求。

三、项目市场分析

（一）城市发展分析

（1）城市人口：过去6年年均增长30万人左右，中心城区吸虹效应强劲。

（2）城市经济：某城市经济呈现稳定向好态势。

（3）城市产业："退二进三"产业结构调整期，由制造业向信息技术领域迈进，发展数字经济，提升创新实力。

（4）固投结构：城市基建的大规模、稳涨性投入，为提升城市吸附力助力，为房地产的快速发展带来正向驱动。

（5）成渝联动：成渝经济圈建设加速，在公积金、户口迁移、轨道交通等多方面加速融合。

（6）发展方向：主城都市区扩容，璧山、江津"融城"提速，打造轨道上的现代化都市圈。

（7）中心城区未来规划：北拓仍为主轴，向西发展成为趋势。

（二）政策环境

（1）全国政策。

（2）重庆政策。

（三）土地市场

（1）行业变化。

（2）土地市场。

（3）企业投资。

（四）房地产市场分析

商品房市场容量：成交量位于全国第 ×，市场粮仓属性突出；同比变化中，成交量涨 ×，均价涨 ×，市场平稳向上发展。

商品住宅市场容量：房价同比上涨11%，住宅成交量维稳；北区成交占半壁江山，西区占27%，城市向北仍为主力，向西处于"扩容"阶段。

商品住宅供求分布：各区供应整体收缩，成交局部发力；渝北区为成交主力，市占率上涨至34%；西区的九龙坡区和大渡口区，因前期供地集中入市，量价齐涨。

商品住宅板块表现：成交量上，北区板块为成交主力，西区、南区零星板块支撑成交；成交价上，核心区价格稳涨，北区照母山、大竹林等板块价格逼齐核心区，均价在 2 万/㎡左右。

板块表现：热门板块多量跌价涨；核心区受单盘供应拉动，涨幅明显，平均成交量上涨 29%，平均成交价上涨 6%。

商品住宅预售存量情况：中心城区预售存量及去化周期双降，去化周期仅 3~4 个月，市场整体健康度高。

商品住宅预售存量情况：热点板块主导存量市场，外环新兴板块竞争白热化。

商品住宅整体存量情况：低价地主导市场，高价地流速较慢，低价地出清后房价有望得到进一步提升。

商品住宅业态结构：市场从纯刚需向刚改、改善逐步调整，受低容地块入市影响，洋房占比涨至 37%。

商品住宅产品结构：产品集中度较高，90~110㎡为市场主力，刚需线上涨至××万元。

商品住宅排行榜：双榜以北区项目居多，高性价比的资源型项目以及低价的刚需项目市占率高。

开盘认购：楼市由喷井期转为调整期，受金融政策影响，2021 年整体去化率仅同比增长 ×，7 月至年底认购率持续下降至 ×，市场持续低迷，房企推案节奏逐步减缓。

商业供需：商业供地、存量减少，市场供应持续走低，渝北区、巴南区品牌项目主力供销，市场成交量有所回升，但单价跌至万元以下，以价换量趋势明显。

商务供需：受政策影响市场整体低迷，供价持续走低，成交量有所回升，整体以价换量趋势明显；××区为主力供销；××等核心区域货源减少，供求均大幅下降。

企业业绩情况：企业业绩目标完成率整体上升，四成房企完成率超90%。

（五）存量市场分析（略）

四、项目选址及区位条件

（一）项目选址要求

（1）选址要求（略）。

（2）相关产业和支持产业分析（略）。

（二）项目区位条件

（1）自然地理概况（略）。

（2）基础设施概况（略）。

（3）人口现状（略）。

（4）经济环境（略）。

（三）施工条件（略）

（四）选址合理性分析（略）

五、项目建设方案

（一）项目建设目标与内容

（1）项目建设指导思想与原则（略）。

（2）项目建设地点（略）。

（二）总图布置

（1）项目规划构思（略）。

（2）总平面设计（略）。

（3）设计依据与规范（略）。

（4）道路交通组织（略）。

（5）竖向布置（略）。

（三）建筑设计（略）

（四）结构设计（略）

（五）土建工程（略）

六、公辅工程

（一）给排水系统（略）

（二）电气系统（略）

（三）燃气工程（略）

（四）空调及通风（略）

（五）智能化控制管理系统（略）

七、项目环境保护

（一）建设地点环境现状（略）

（二）执行标准（略）

（三）主要污染源、污染物及防治措施（略）

（四）绿化设计（略）

（五）环境影响综合评价（略）、

附录二：××项目营销定位报告

一、项目本体分析

（一）项目基本情况——项目区位及指标

××非热点板块：本案位于××片区，位于主干道五和大道西侧，临近××区一大重要功能片区——××战略性新兴科技园，靠近××公园和××城市公园。

××交接地带：本案处在××和××交接处，规划管理上易处于真空地带。

小盘规模：本案住宅建面约××万㎡，商业建面×××㎡，整体容积率××，规模不大，是一个以住宅为主的小盘，如附表3。

区位图（略）。

附表3　地块指标

	总用地面积(m²)	××
	总建筑面积(m²)	××
	计容积率总建筑面积(m²)	××
其中	住宅(m²)	××
	商业(m²)	××
	幼儿园	××
	社区用房及物业	××
	容积率	××

续表

绿地率(%)	××
户数	××
机动车位	××

（二）项目基本情况——项目四至

项目北面紧邻××，东面为××大道，西面为××和××，南面为××。

四至实景图（略）。

（三）项目基本情况——周边配套

本案 3 千米范围内，医疗、交通及商业服务等配套资源等级一般。

本案周边生态资源丰富。

配套基本可满足日常生活需求，生态资源可作为配套亮点。

配套图标注具体配套（略）。

（四）项目市场定位——项目初判

项目初判：小规模中高端精品社区。

位置指标：位于非热点板块，项目规模较小，以住宅为主的物业构成。

四至情况：周边农民房及园区较多，整体面貌尚存在较大改善空间。

周边配套：周边教育资源较为突出，其他配套资源相对一般。

（五）项目市场定位——核心命题

价值突围：项目位于区域非中心板块，考虑如何实现区域价值的突围。

产品定位：教育资源对产品定位的影响、如何定义产品配比以符合区域置业需求。

目标实现：入市价格和去化速度研判，实现销售利润最大化。

二、市场分析

（一）政策

调控政策解读——解析政策变化趋势，研判当前政策影响。

经济研判——经济层面研判分析下，透析对房地产市场的影响。

（二）市场分析

1. 新房市场供需齐跌，价格坚挺

（1）回顾：××××年新建住宅供应降至历史低位，仅有 ×× m²，环比下降 ×。全年新建商品住宅成交面积降至 ×× m²，环比下降 ×，成交套数降至 ×× 套，环比下降 ×。价格方面，由于新房豪宅趋势明显，开发商定价持续坚挺，均价同比上涨 ×，上涨至 ×× 万元 /m²。

（2）历年新建商品房住宅面积及价格柱状图（略）。

（3）各月新建商品房住宅面积及价格柱状图（略）。

2. 小结

（1）市场层面。

（2）客户层面。

（3）开发商层面。

（三）在售供应地图

在售项目（住宅）主要集中在 ××× 区，其次为 ××× 区位。

图圈出一级竞品、二级竞品、三级竞品区域（略）。

（四）案例研析——×× 项目

（1）××× 项目住宅以 76~86m² 的三居为主要供应，小面积住宅，去化更快。

项目区位图（略）。

项目规划图（略）。

（2）×××项目于×月××日开盘，小面积住宅去化速度快，76~86m² 的三居去化最快，套数占比高达59%，客户主要以××地区客户为主。

（五）在售供应结构

区域内在售项目供应达××个，竞争大；价格实现在××~××万元。

（六）在售供应分析

主流产品：80~90m² 三居和四居，占比50%以上，其次为75~80m² 三居，占比25.3%。

市场空白点：50~60m² 一居、60~70m² 两居。

（七）未来供应地图

未来片区1~5年供应以××为主，供应达×××万㎡，竞争非常激烈。

供应地图（略）。

（八）市场现状及趋势小结

1. 区域市场2016—2017年去化小结

过去一年多整体去化情况良好，购房者热衷面积适中且功能性较强的产品。其中以75~80m² 三居、80~90m² 三居和四居以及107~134m² 四居去化速度最快。

2. 去化比例

（75~80m²）：（80~90m²）：（107~134m²）= 3：2：1。

区域市场2016—2017年供应小结：住宅供应中，75~80m² 三居和80~90m² 三居和四居依然是市场主打，64~70m² 两居供应居中，供应最小是 100m² 以上，其中 107~134m² 四居占比较大。

3. 供应分析

主力供应以 75~89m² 三居和四居为主，占比高达 70%。

区域市场 2018 年供应小结：延续 2015—2017 年的供应情况，预计 2018 年以 75~85m² 三居、80~90m² 三居和四居以及 107~134m² 四居供应最多，且将会有 64~70m² 二居产品补充入市。

三、客群分析

（一）客户来源

核心观点：本地客群为主力，客群地缘性强。

来源占比饼图（略）。

（二）家庭结构

核心观点：两代同堂的家庭为主力购买群体。

（1）两代同堂比例普遍很高。

（2）单身，两口之家及三代同堂的占比相近。

（3）家庭人口数偏多，对户型的功能性要求高。

家庭结构占比饼图（略）。

（三）年龄层次

核心观点：80 后新生代实力消费群体为主力客群。

（1）26~35 岁的客户是观澜项目消化的中坚力量。

（2）36~45 岁的资金雄厚的客户是次级购买群体。

（3）26 岁以下的客户占比较低，一般不足 10%。

（4）46 岁以上客户占比极低，平均在 5% 左右。

年龄层次占比饼图（略）。

（四）职业分布

核心观点：具有初始购买能力的职员或一定资金积累的个体（如私营业主等），主要集中在个体、电子科技、政府机关等行业。

（1）客户阶层以普通职员，私营业主及中层管理者居多。

（2）中层管理者及私营业主占比逐步抬升，购买力进一步升级。

（3）私营企业主是观澜客群的一大特色，购买力较强。

职业分布占比饼图（略）。

（五）置业目的

核心观点：首置占主导，部分投资，刚需特性明显。

（1）×××项目是以自住为首要置业目的。

（2）普通住宅以自住为主，公寓以投资为主。

（3）改善自住占比有所上升。

置业目的占比饼图（略）。

（六）关注价值

核心观点：发展潜力/性价比是客户关注的核心；周边配套、区域规划、周边旧改、周边房屋租赁价格是增强客户购买信心的重要因素。

（1）区域地段、产品、配套均是客户关注的重点。

（2）不同项目有不同价值的重点输出及客户认同。

（3）成交客户普遍对发展潜力/性价比极其看重。

关注价值占比饼图（略）。

（七）客户画像

客户关注点关键字：价格、发展潜力、教育。

客户画像（略）。

（八）特征总结

客户来源：本地客群及周边地缘性客户为主力。

家庭结构：以两代同堂的家庭为主，有强烈的置业需求；其次为两口之家及三代同堂。

年龄区间：以26~35岁具备购买实力的客户为主力客群，36~45岁资金雄厚的客户群体作为次级购买群体。

置业目的：以自住为主且首置为主力，改善为辅；有投资及资产配置需求，且比例有上升趋势。

行业分布：以有置业需求且拥有初始购买力、工作稳定的普通职员以及具备一定资金积累的私营业主为主力。

关注价值：自住客户主要关注项目产品、性价比、配套；投资客户主要关注区域规划及发展潜力。

（九）变化趋势

现象：随着××区域房地产市场开发进程加快，本地客户购买力逐渐被唤醒，外区域客户逐渐涌入。

观点：本地客户购买力和需求被唤醒，为本案重点客户！以粤港澳大湾区的眼光展望市场，区域外客户同样值得关注！

（十）动态修正

本地升级——产业升级、交通升级、发展升级。

价格外溢——洼地效应。

特质吸纳——生态资源。

（十一）产业升级

随着产业转移带动了大量技术骨干精英落户××地区。

随着观澜的产业发展升级、入户政策的宽松，吸引了高素质流动人口转化为常住人口。

（十二）交通升级

（1）有轨电车。

（2）高速公路——30分钟即达全市各大中心区。

（3）地铁。

（十三）发展升级

大量旧改项目启动后，即将为提升区域形象及价值迅猛发力，完成片区配套升级，提升生活消费档次，推动观澜区域成为深圳热门的置业板块，并主动承接被其他区域价格挤压的客户。

（十四）洼地效应

从全市房价走势及区域分布数据分析，××地区的"房价洼地"特性，使其成为全市各区的溢出目的地。

（十五）目标群体范围

核心客群70%：本省客户40%，本区30%，高新科技企业员工、企业白领、私营企业主及个体户等。

重要客群20%：企业白领及准退休人。

补充客群10%：其他区域为补充客群，客户出现全城化甚至全省化范围覆盖。

（十六）目标客群客户画像。

城市行者（5大原则特征）：

（1）经济原则："80后"、"90后"处于事业的上升期，具有一定的购买力，但首付有限，同时又不希望月供过高而影响自己的生活质量。

（2）需求特征：赶紧"上车"，在奋斗的一线城市拥有自己的房产，并能满足家庭所需。

（3）选址原则：关内置业较为困难，不介意关外购房，交通方便，周边配套满足日常所需。

（4）客群标签：奋斗者。

（5）居住标准：有品质感的居住环境，配套齐全，尤其注重教育配套，以及老人小孩的休闲配套。

（十七）目标客群客户描摹

（1）25~35岁客群置业关注点：价格＞配套＞区域发展潜力＞智能化＞物业管理。

他们往往是小两口刚刚组成的小家庭，资金有限，因此关注价格。

他们往往处在职场奋斗期，劳累的工作后渴望放松，因此关注小区的配套，能否健身休憩。

他们往往是首次置业，因此关注未来的区域发展潜力。

他们往往渴望接触新鲜事物，因此关注小区的智能化。

他们关注小区的物业管理。

（2）35~45岁客群置业关注点：教育＞户型＞配套＞物业管理。

他们往往已为人父母，因此关注小区的教育配套。

他们往往三代同住，因此关注户型设计是否合理方便。

他们往往处在事业的上升期，小孩交由老人养育，因此关注小区的园林会所配套是否满足老人小孩所需。

他们往往担心小孩老人的安全，因此关注小区的物业管理。

（十八）客户分析总结

从客群特征分析，核心客群以本地客户为主，首要置业目的为自住，首置客户偏重于追求"高品质、低总价"。投资客户同样追求投资品的"低总价"属性。因此，在大方向上需坚持总价控制原则。

在保证功能性的前提下，尽量做到高性价比，以降低首置客户购房门槛。

四、项目定位策略

（一）价值重构

区域：××区核心板块。

项目：小型体量住宅，具备打造中高端物业的素质。

品牌：最具潜力"精品运营商"。

（二）交通

全方位四维交通体系，与世界相通。

城市全部连接，各区域人流无缝导入：让城市、城际、国际无界。

（1）高速公路。

（2）有轨电车。

（三）产业

国家级战略性新兴产业基地，高精尖产业汇聚助力新区腾飞。

（四）未来发展

2000万㎡旧改发力，城市面貌全新升级。

品牌开发商汇聚，为崛起代言。

（五）配套

配套完善，都荟二十分钟生活圈。

名校学府，全龄教育配套。

（六）关于项目

小而精的人居典范·拥享优美景致。

（1）依山傍水。

（2）拥享优质的生态资源。

（3）俯瞰唯美的景致。

（4）宜居。

（七）项目价值体系

关键词：中轴、科创、物业、生态。

1. 位置价值

高起点、高占位、高价值的复合新城。

一中轴九片区，建设现代化国际中轴新城。

2. 交通价值

全方位四维交通体系，让城市、城际、国际无界。

轨道交通：坐拥地铁 × 号线延长线，× 号线，有轨电车等便利交通。

全网陆路交通，全市快速通达。

3. 发展价值

产业发展：国家级战略新兴产业基地，高精尖产业汇聚。

旧改加速：2000 万旧改发力，城市面貌全面升级。

4. 服务价值

优质的物业管理服务，保障业主权益。

5. 生态价值

打造独有的国际生态生活区，宜居氛围纯粹。

6. 配套价值

周边商业、医疗、文化设施齐备，满足生活需求。

（八）项目SWOT分析

1. S（优势）

（1）项目地块平整，可快速开发。

（2）项目为纯住宅，纯粹性高。

（3）项目距离公园近，生态资源丰富。

（4）名校学府。

（5）高新产业区。

2. W（劣势）

（1）项目周边城市面貌不佳。

（2）周边商业配套不足。

3. O（机会）

（1）政府北部核心区域规划。

（2）千万城市更新，区域潜力可期。

（3）名企、高新产业聚集。

（4）教育和生态资源突出。

4. T（威胁）

（1）交通、市政配套改善进度缓慢，影响片区舒适生活水平。

（2）市场竞争激烈，需强化自身竞争实力。

（3）开发商品牌影响力有待提升。

（九）发展策略

1. 领导者：行业老大

（1）价格优势。

（2）产品有不可重复性。

（3）市场热点。

2. 挑战者：非行业老大，中大规模市场

（1）改变游戏规则。

（2）强调新的评估标准。

（3）强调产品的特色和价值。

3. 追随者：次/非主流市场

（1）搭便车，借势。

（2）以小博大，杀伤战术。

（3）价格战的制造者。

4. 补缺者：敏锐的机会主义者

（1）目标明确，挖掘价值。

（2）瞄准市场缝隙。

（3）创新产品和需求点。

（十）区域定位

国家级科技文化带、生态科教社区。

（十一）属性定位

科创中轴·生态学府住区。

（十二）案名建议（略）

（十三）项目定位与价值突破

（1）产品定位建议——产品突破（略）

（2）价格去化预判——利润突破（略）

（3）物业发展建议——价值突破（略）

五、项目能源节约方案设计

（一）用能标准及节约方案设计（略）

（二）编制原则和目标（略）

（三）节能措施（略）

（四）项目节能评价（略）

六、劳动安全及消防

（一）设计依据（略）

（二）劳动安全卫生（略）

（三）消防设施及方案（略）

七、项目组织机构和人力资源配置

（一）组织原则（略）

（二）项目组织（略）

（三）劳动定员

根据项目组织机构设置，项目建成后公司需要管理及技术人员××人，另聘请临时工若干人，定员编制详见附表4。

附表4 定员编制表

序号	劳动岗位	数量
1	项目总	—
2	财务部	—
3	市场部	—
4	融资部	—

续表

序号	劳动岗位	数量
5	工程部外联	—
6	前期策划部	—
7	物业部	—
8	工程部	—
9	销售外联部	—
10	销售部	—
11	策划部	—
12	合计	—

八、项目建设进度及工程招投标方案

（一）基本要求（略）

（二）项目开发管理（略）

（三）工程招投标方案（略）

九、投资估算及资金筹措

（一）估算范围

计划使用募集资金××亿元，其余资金公司将通过自有资金、银行贷款或其他途径解决。

（二）估算依据（略）

（三）编制说明（略）

（四）项目总投资估算

1. 工程建设费用

根据测算，项目建筑工程费用共计为×××万元，其中，土石方工程费用×××万元，基础工程费×××万元，主体土建工程费×××万元，主体安装工程费及设备购置费×××万元，主体装饰工程费×××万元，如附表5所示。

附表5　工程建设费用估算表

建筑工程费用	土石方工程费用	—
	基础工程费用	—
	主体土建工程费用	—
	主体安装工程费及设备购置费	—
	主体装饰工程费用	—

2. 工程建设其他费用

工程建设其他费用主要为前期工程费用，包括土地征用及拆迁补偿费、前期费用、基础设施建设费、开发间接费，合计为×××万元。

3. 建安预备费

项目建安预备费包含基本预备费以及材料涨价预备费，根据本项目实际情况，建安预备费合计×××万元。

4. 财务及管理费用

根据测算，本项目财务费用及管理费用共计为×××万元，其中财务费用×××万元，管理费用×××万元。

5. 所得税、税金及附加等费用

项目所得税、税金及附加等费用预计×××万元。

6. 项目总投资估算

项目估算总投资×××万元。

十、资金筹措

（一）评价依据

1. 遵循的有关法规（略）

2. 基础数据和说明（略）

（二）项目财务数据

1. 销售收入

项目采取一边建设一边销售的模式。项目预计于2022年开始销售，2024年全部销售完毕，销售收入及税金见附表6所示。

附表6 销售收入及税金表

序号	项目	合计	2022年	2023年	2024年
1	住宅销售收入	—	—	—	—
2	车位销售收入	—	—	—	—
3	增值税金及附加	—	—	—	—
4	增值税	—	—	—	—
5	土地增值税	—	—	—	—
6	城市建设维护费	—	—	—	—
7	教育费附加（含地方）	—	—	—	—
8	防洪费	—	—	—	—
9	消费税	—	—	—	—
10	河道管理费	—	—	—	—
11	增值税	—	—	—	—
12	其他相关税费	—	—	—	—
13	印花税	—	—	—	—
14	交易手续费	—	—	—	—
15	预告登记、办证、工本费等	—	—	—	—

2. 总成本费用测算

项目建设及销售期间，总成本费用包括建筑工程费用、工程建设其他费用、建安预备费用、营销费用、财务费用、管理费用。

3. 项目还本付息测算

4. 利润测算

利润总额＝销售收入－总成本－销售税金及附加－土地增值税。

净利润＝利润总额－所得税。

利润测算表如附表 7 所示。

附表7　利润测算表

序号	项目	合计	2022年	2023年	2024年
1	生产负荷（%）	—	—	—	—
	总销售收入（不含增值税）	—	—	—	—
2	销售税金及附加、其他相关税费（不含增值税）	—	—	—	—
	总成本费用（不含增值税）	—	—	—	—
3	利润总额	—	—	—	—
4	弥补以前年度亏损	—	—	—	—
5	应纳税所得额	—	—	—	—
6	所得税	—	—	—	—
7	税后利润	—	—	—	—

（三）财务评价指标

根据公司规划和行业情况，并原则上根据中国财政部颁布的会计准则、会计制度和有关法律规定，对本项目进行有关财务预测。在具体操作时，遵循重要性原则对费用表、成本报表、损益表和现金流量表做合并和处理。

通过基础数据的选取，可得到项目现金流量表。

根据项目现金流量表，可进一步测算出动态反映本项目盈利能力的净现值 NPV、内部收益率 IRR、项目动态全部投资回收期 Rt 等指标。

1. 财务净现值

财务净现值（FNPV）指按设定的折现率（一般采用基准收益率 i_c）计算的项目计算期内净现金流量的现值之和，可按下式计算：

$$FNPV = \sum_{i=1}^{n}(CI-CO)_t(1+i_c)^{-t} \qquad (1)$$

式中：i_c——设定的折现率（同基准收益率），本项目为4%。

经计算，所得税后项目投资财务净现值×××万元。

2.财务内部收益率

财务内部收益率（FIRR）系指能使项目在计算期内净现金流量现值累计等于零时的折现率，即 FIRR 作为折现率使下式成立：

$$\sum_{t=1}^{n}(CI-CO)_t(1+FIRR)^{-t}=0 \qquad (2)$$

式中：CI——现金流入量；

　　　CO——现金流出量；

　　　(CI-CO)t——第 t 年的净现金流量；

　　　n——计算期。

经对项目投资现金流量表进行分析计算，所得税后项目投资财务内部收益率为×××，高于项目设定基准收益率或行业基准收益率。

3.项目投资回收期

项目投资回收期是指以项目的净收益回收项目投资所需要的时间，一般以年为单位。项目投资回收期宜从项目建设开始年算起。项目投资回收期可采用下式计算：

$$Pt=T-1+\frac{\left|\sum_{T=1}^{T-1}(CI-CO)_i\right|}{(CI-CO)_T} \qquad (3)$$

式中：T——各年累计净现金流量首次为正值或零的年数。

经计算，所得税后项目静态投资回收期为×××年，表明项目投资回收较快，项目抗风险能力较强。

（四）财务分析结论

根据测算，项目开发周期4年，预计实现总销售收入×××万元，实现总利润×××万元，项目总投资收益额×××万元。

通过对项目现金流量表分析，税后财务内部收益率为×××；税后财务净现值为×××万元；税后静态投资回收期为×××年，表明项目投资回收较快，项目抗风险能力较强。根据测算，项目在运营期间，可按时偿还借款，还款能力较强，财务指标汇总表如附表8所示。

附表8 财务指标汇总表

序号	项目	数值
1	项目静态投资收益率（税后）（%）	—
2	项目静态投资回收期（Pd）（年）	—
3	内含报酬率（%）	—
4	项目净现值	—
5	项目盈利指数	—
6	税后内部收益率（%）	—
7	行业平均收益率（Ic）（%）	—
8	平均投资收益率（%）	—
9	项目预测最后年份	—
10	预测项目期限	—
11	项目总销售收入（万元）	—
12	项目总利润（万元）	—
13	项目总投资收益额（万元）	—

十一、项目社会效益分析

（一）项目实施对社会经济效应的影响（略）

（二）社会效益分析

（1）推动××××房地产业的发展（略）。

（2）提高住户的人居水准（略）。

（3）发展高新区经济，提升区域价值（略）。

十二、项目风险识别与防控

（一）项目主要风险因素识别和分析

（1）自然及工程风险（略）。

（2）社会风险（略）。

（3）市场风险（略）。

（4）技术及设计风险（略）。

（5）金融风险（略）。

（6）销售风险（略）。

（7）法律风险（略）。

（二）防范和降低风险措施（略）

十三、可行性研究结论及建议

（一）可行性研究结论

1. 拟建方案建设条件的可行性结论

本项目建设地点位于山东省，该地区具有良好的区位优势，地质稳定，外部水和电等基础设施配套完善，交通方便。因此，本项目建设条件可行。

2. 资金安排合理性的可行性结论

本项目计划投资总额×××万元，项目资金主要通过项目承建单位自有资金、销售回款及股东贷款贷款方式筹集，其中自有资金×××万元，股东贷款×××万元，预售转入转投×××万元。项目建设中资金安排合理，不会因为资金问题影响项目进度。

3. 经济效益的可行性结论（略）

4. 环境影响的可行性结论（略）

5. 研究结论总述

综上所述，该项目建设的条件成熟，通过经济、环境保护和经济效益等方面预测分析，该项目不仅盈利能力强，而且抗风险能力大，在项目取得较高经济效益的同时，不会破坏自然环境，故该项目是完全可行的。

（二）建设项目可行性研究建议

（1）本项目投资类别囊括了多项建筑，在实际操作过程中需要注意的事项较多，如何更好地协调项目规划设计将是本项目的难点。因此，后续工作中，应该对本项目规划进行深入分析。

（2）本项目投资额较大，工程量大，在下一步工作中应针对实际情况进行深入分析与研究，做出较为客观详细的测算，在确保工程进度的基础上提高资金使用效率。

（3）项目建设单位应积极做好各项前期工作，抓紧落实相关配套资金，认真开展施工前的设计、招标、设备调查等工作，力争项目尽快建设，尽快投入使用。

（4）项目在实施过程中要做好建设管理工作，积极与项目所在地有关部门联系，确保项目选址、资源配置等工作顺利进行，使项目早运营、早见效。